Ulrich Filler

Fatima – Geschenk und Geheimnis

Ulrich Filler

FATIMA

Geschenk und Geheimnis

fe

Die kirchliche Druckerlaubnis wird
für die Veröffentlichung erteilt.
Köln, den 25. Januar 2017
Jr. Nr. 106 250 I 90
Dr. Dominik Meiering,
Generalvikar

1. Auflage 2017

Hauptstr. 22, D-88353 Kißlegg
www.fe-medien.de

ISBN 978-3-86357-176-4

Coverfoto: bpperry / istockphoto.com
Fotos: Santuário de Fátima, dpa, Archiv
Satz & Gestaltung: Manuel Kimmerle

Druck: CPI books
Printed in EU

Inhalt

Annus horribilis – Annus mirabilis

Das Jahr 1917 kann man als ein wahres „annus horribilis", ein schreckliches Jahr, bezeichnen. Bereits im dritten Jahr verblutet die Jugend Europas auf den Schlachtfeldern des Ersten Weltkriegs. Von Juli bis November fallen in der dritten Flandernschlacht auf alliierter Seite bis zu 325.000, auf deutscher Seite bis zu 260.000 Soldaten. Die Geländegewinne der Alliierten sind marginal. Das Deutsche Reich erklärt den uneingeschränkten U-Boot-Krieg, die Vereinigten Staaten erklären Deutschland und Österreich-Ungarn den Krieg, in Russland kommt es zur Revolution, der Zar dankt ab und die Deutsche Regierung lässt Lenin aus seinem Schweizer Exil in einem verplombten Zugwaggon durch das Deutsche Reich nach Russland bringen, um dort die bolschewistische Revolution voranzutreiben, die in einen blutigen Bürgerkrieg führen wird.

Der Friedensappell „Dès le début" („Seit dem Beginn unseres Pontifikats") Benedikts XV. vom 1. August 1917 offenbart die Ohnmacht und Wirkungslosigkeit der Friedensbemühungen des Heiligen Vaters.

Auch in Portugal herrscht Unruhe. 1910 war der letzte portugiesische König Manuel II. zurückgetreten und ins britische Exil geflohen. Ständige

Aufstände und Revolutionen erschütterten die junge Republik, die das katholische Erbe des Landes abzuschütteln suchte und eine strikte Trennung von Kirche und Staat vornehmen wollte. Katholische Orden wurden unterdrückt, die Jesuiten des Landes verwiesen und zu Staatsfeinden erklärt. Der Religionsunterricht wurde verboten, die Zivilehe eingeführt, der Kirche wurden drückende Reparationslasten auferlegt. Gotteshäuser wurden beschlagnahmt und als Kasernen oder Pferdeställe missbraucht. Die Wirtschaft des Landes lag am Boden. Papst Benedikt XV. wird aus jener hoffnungslosen Zeit ein prophetisches Zitat zugeschrieben: „Portugal hatte Gott vergessen, aber Gott hat Portugal nicht vergessen."

Tatsächlich – 1917 wurde für das Land zu einem „annus mirabilis", zu einem Jahr der Wunder. Mitten in Portugal erscheint die Muttergottes drei einfachen Bauernkindern. In einer Zeit des Schreckens und des Krieges; in einer Zeit, die Millionen Menschen leiden lässt; in einer Zeit, in der das Böse sich unaufhaltsam auszubreiten scheint, sendet der Himmel eine Botschaft der Hoffnung, zeigt die Muttergottes einen Ausweg, einen Weg zu Frieden und Versöhnung.

Seit 100 Jahren wird die Botschaft von Fatima verkündet, sie hat sich ihren Weg in die Welt gebahnt. Und heute haben wir in einer Welt, in der das alte Europa von Krisen geschüttelt wird, der Nahe Osten in Flammen aufgeht und weltweit mehr Christen verfolgt werden als jemals zuvor, diese Botschaft nötiger denn je.

Maria – Unsere Liebe Frau

Bei der ersten Erscheinung der Muttergottes in Fatima am 13. Mai 1917 sehen die Kinder eine „Dame“ („Señora“). Sie ahnen bereits, dass es die Muttergottes sein könnte, aber erst bei der sechsten Erscheinung, am 13. Oktober 1917, offenbart sich Maria als „Unsere Liebe Frau vom Rosenkranz“. Der Titel „Unsere Liebe Frau“ (U. L. F. – auch „Liebfrauen“) bezieht sich auf das mittelhochdeutsche „frouwe“, das „Herrin“ oder „Dame“ bedeutet, und ist in der katholischen Welt eine Bezeichnung für die Mutter Jesu. Dieses Buch folgt dem Sprachgebrauch der Seherkinder, die Maria liebevoll ihre „Señora“ nannten.

Die Kinder von Aljustrel

Etwa 190 km nördlich von Lissabon liegt Fatima, 1917 ein kleines Dorf mit etwa 2700 Einwohnern, dessen arabischer Name an die Zeit erinnert, als die Sarazenen große Teile Portugals und Spaniens besetzt hielten. Eine Legende erzählt von der maurischen Fürstentochter Fatima, die von christlichen Rittern gefangen genommen wurde, sich später in ihren Entführer verliebte und sich taufen ließ. Sie erhielt den neuen Namen Oureana, „die Goldene", und heiratete Don Gonçales Hermingues, den „Schrecken der Mauren". Der christliche König Alfonso Henriques schenkte dem glücklichen Paar das Dorf Abdegas mit den umliegenden Ländereien. Zu Ehren seiner schönen Frau benannte Don Gonçales das Dorf nach ihr: Oureana ist die heutige Bezirkshauptstadt Vila Nova de Ourém. Als die schöne Fatima bereits kurz nach der Hochzeit verstarb, trat Don Gonçales in ein Kloster ein. Er ließ seine Frau in einer nahegelegenen kleinen Dorfkirche bestatten – seit dieser Zeit trägt das Dorf den Namen Fatima.

Zu Fatima gehört der Weiler Aljustrel – etwa 20 einstöckige, weißgestrichene Häuser –, die Heimat der Kinder Lucia, Francisco und Jacinta. Ein karges Land, arm und steinig. Die Bauern müssen hart arbeiten, um Weizen, Mais und Wein anbauen und ernten zu können. Die Landschaft ist geprägt von zahlreichen Olivenbäumen, dem wahren Reichtum jener Gegend. Viele Familien halten kleine Ziegen- und Schafherden und die Kinder müssen bereits früh mit anpacken und werden in die tägliche Arbeit eingebunden. Lucia dos Santos und die Geschwister Jacinta und Francisco Marto wachsen in einfachen, aber nicht ärmlichen bäuerlichen Familien auf: Neben dem Elternhaus besaß die Familie Santos *große Grundstücke in Richtung Montelo, Unsere Frau von Ortiga, Fatima, Valinhos, Cabeço, Charneca und Cova da Iria (5. E)*. Die Familie war nicht reich, aber der Ertrag der Felder und Viehherden reichte aus, Knechte und Hausmädchen zu unterhalten. Die tägliche Arbeit, aber auch Lebensfreude, Singen und Tanzen und ein intensives katholisches Glaubensleben prägen von klein auf den Alltag der Kinder. Beim gemeinsamen Spielen oder Schafehüten unterscheiden sich die damals zehnjährige Lucia, ihr ein Jahr jüngerer Cousin Francisco und dessen sieben Jahre alte Schwester Jacinta nicht im Geringsten von den anderen Kindern, mit denen sie aufwachsen.

Lucia

Lucia war das siebte und jüngste Kind von Rosa und Antonio dos Santos (der den lustigen Spitznamen „Kürbis" trug). Am 22. März 1907 geboren, war

sie gesund, robust und bereits in jungen Jahren sehr verantwortungsvoll. So gehörte es zu ihren Aufgaben, sich um die Nachbarskinder zu kümmern und sie tagsüber auf dem elterlichen Hof zu beaufsichtigen. Ihre Schwester Maria dos Anjos erinnert sich: „Sie liebte Kinder, und diese verehrten sie. Manchmal waren bis zu einem Dutzend in unserem Hof versammelt und ganz glücklich schmückte sie die Kleinen mit Blumen und Blättern. Sie arrangierte kleine Prozessionen mit Heiligen, Blumen und Thronen und sang Hymnen zu Unserer Lieben Frau als wäre sie in der Kirche … Sie verstand es, auf die Kinder aufzupassen, und die Mütter ließen die Kleinen in unserem Haus, während sie zur Arbeit gingen. Wenn ich am Webstuhl saß und meine Schwester Caroline nähte, hielten wir ein Auge auf die Kinder, aber wenn Lucia da war, selbst als sie noch ganz klein war, brauchten wir uns keine Sorgen zu machen."

Lucia war nicht hübsch im eigentlichen Sinn: „Das einzig Anziehende in ihrem Gesicht – das im Ganzen gesehen aber nicht abstoßend war – waren ihre großen schwarzen Augen unter dichten Brauen. Ihr Haar, schwer und dunkel, trug sie in der Mitte geteilt. Über der Stirn lugte es ein wenig unter dem Kopftuch hervor und fiel im Übrigen auf ihre Schultern herab. Ihre Nase war ziemlich flach, ihre Lippen dick und ihr Mund groß."

Den Mangel an Schönheit glich sie durch Fröhlichkeit aus: *Beim Tanzen setzten sie mich auf eine*

Truhe oder einen anderen hohen Gegenstand, damit ich nicht von den Teilnehmern getreten wurde. Dort musste ich verschiedene Lieder zum Klang der Gitarre oder des Akkordeons anstimmen. Das brachten mir meine Schwestern bei, ebenso wie das Walzertanzen, falls ein Partner fehlte. Mit großartiger Behendigkeit tat ich das, zog damit die Aufmerksamkeit der Anwesenden auf mich und gewann ihren Beifall. Es fehlte auch nicht an Belohnungen und Geschenken von Leuten, die meinen Schwestern eine Freude machen wollten. Sonntagsnachmittags versammelte sich die ganze Jugend in unserem Hof: im Sommer im Schatten der drei Feigenbäume, im Winter in einer Scheune, … um dort den Nachmittag bei Spiel und Unterhaltung mit meinen Schwestern zu verbringen (2. E).
Lucia liebte die vielen kirchlichen Feste, die immer mit Tanz und Vergnügen verbunden waren. Auch war sie zu zahlreichen Hochzeiten eingeladen, bei denen die Mutter oft als Köchin gebraucht wurde.
Meine Schwestern gaben sich die größte Mühe, mich wie sich selbst herauszuputzen, da sie mich immer an ihrer Seite haben mussten. Da eine von ihnen Schneiderin war, hatte ich das eleganteste Kleid, das zu jener Zeit von den Landmädchen meines Dorfes getragen wurde: Faltenrock, Lackgürtel, das Halstuch mit den Enden hinten herunterhängend, der Hut mit goldenen Perlen und bunten Federn (2. E).

Viel später erinnert sich Schwester Lucia selbstkritisch an diese Zeit: *Überhäuft mit Zärtlichkeiten und Liebkosungen, erreichte ich so mein sechstes Lebensjahr. Um die Wahrheit zu sagen, die Welt begann mir zuzulächeln und vor allem die Leidenschaft für den Tanz fasste in meinem armen Herzen tiefe Wurzeln. Ich gestehe, dass ich vom Teufel wohl dadurch zu Fall gebracht worden wäre, wenn unser guter Gott mir nicht seine besondere Barmherzigkeit erwiesen hätte (2. E).*

Lucias Vater, der „Kürbis", war zwar durchaus ein frommer Mann, zum Leidwesen seiner Frau aber auch ein passionierter Kartenspieler. *In der damaligen Zeit war dies das einzige Freizeitvergnügen, das es hier für die Männer gab … Was immer viel gefährlicher war, dass sie vor sich eine Kanne Wein hatten und am Ende jeder Runde sie ein Glas tranken. Ich habe jedoch nie erlebt, dass der Vater so viel getrunken hätte, dass er sein Gleichgewicht verlor noch dass er nach Hause gekommen wäre und sinnlos geredet hätte (6. E).*

Den größten Anteil an der religiösen Erziehung der Kinder hatte Lucias Mutter. Maria dos Santos erinnert sich: „Unsere Mutter konnte Druckschrift lesen, aber nicht schreiben. Jeden Abend während der Wintermonate las sie uns aus dem Alten Testament oder den Evangelien vor. Manchmal hörten wir auch eine Geschichte über unsere Liebe Frau von Lourdes oder Nazaré. Ich erinnere mich noch sehr genau, als sie zur Zeit der Erscheinungen ganz böse zu Lucia sagte: ‚Glaubst du, nachdem unsere Liebe Frau in Lourdes und Nazaré erschienen ist, müsste sie auch dir erscheinen?‘ Die Mutter unterrichtete uns in Religion und erlaubte uns nicht zu spielen, bis wir das Gehörte auswendig konnten, denn sie sagte, sie möchte sich vor dem Pfarrer nicht blamieren, wenn er uns prüfen würde … Aber die Mutter war nicht zufrieden damit, dass wir nur Worte dahersagten, sie gab uns genaue Erklärungen, damit wir alles richtig verstehen sollten. Sie pflegte zu sagen, dass es völlig nutzlos sei, den Katechismus aufzusagen, ohne die Bedeutung des Gesagten zu verstehen.“

Dank der intensiven religiösen Unterweisung konnte Lucia bereits im Alter von sechs Jahren zum erstenmal die heilige Kommunion empfangen. Eigentlich wollte der Pfarrer sie noch ein Jahr warten lassen und lehnte sie ab. *Ich begann sogleich zu weinen und legte meinen Kopf schluchzend auf seine Knie, als wäre ich bei meiner Mutter (2. E).* Ein auswärtiger Priester, der zum Beichtehören in der Kirche war, erkundigte sich nach dem Grund für die Tränen und unterzog Lucia in der Sakristei einer eingehenden Prüfung. Schließlich überzeugte er den Pfarrer, Lucia ihre Erstkommunion feiern zu lassen: *Sie können diese Kleine kommunizieren lassen. Sie versteht besser, was sie tut, als viele der anderen (2. E).*

Als Lucia vor ihrer ersten heiligen Kommunion beichtet, sagt ihr der Priester: *Meine Tochter, deine*

Seele ist der Tempel des Heiligen Geistes. Halte sie immer rein, damit Er Sein göttliches Wirken in ihr fortsetzen kann. Als Lucia fragt, was sie tun solle, antwortete er: *Knie dort nieder zu Füßen Unserer Lieben Frau und bitte sie vertrauensvoll, sie möge dein Herz in ihre Obhut nehmen und es vorbereiten, morgen würdig ihren geliebten Sohn zu empfangen, und sie möge es für ihn allein bewahren.* Lucia tut, was ihr aufgetragen wird. *Als ich diese demütige Bitte mehrmals wiederholt hatte und dabei die Statue ansah, schien es mir, als lächle sie und sage es mir mit einem Blick und einer Geste der Güte zu. Ich wurde so von Freude durchflutet, dass ich kaum ein Wort sagen konnte (2. E).*

Auch der nächste Tag der ersten heiligen Kommunion wird zu einem besonderen religiösen Erlebnis für Lucia: *Als der Priester die Altarstufen herabstieg, war mir, als zerspringe mein Herz. Aber als er mir die göttliche Hostie auf die Lippen legte, verspürte ich eine Gelassenheit und einen unerschütterlichen Frieden. Von einer übernatürlichen Atmosphäre fühlte ich mich derart durchdrungen, dass ich den guten Gott gegenwärtig glaubte und meinte, ihn mit allen Sinnen wahrnehmen zu können. Ich richtete also meine Bitten an ihn: Herr, mach aus mir eine Heilige, bewahre mein Herz immer rein für Dich allein! Hier war es mir, als hätte unser guter Gott auf dem Grunde meines Herzens deutlich zu mir gesprochen: „Die Gnade, die dir heute gewährt wurde, wird in deiner Seele lebendig bleiben und Früchte ewigen Lebens hervorbringen." So fühlte ich mich tief in Gott versenkt (2. E).*

Als Lucia acht Jahre alt war, übertrugen ihr die Eltern die Sorge für eine kleine Schafherde. *Die Nachricht, dass ich mein Leben als Hirtin anfangen würde, verbreitete sich schnell unter den Hirten und fast alle kamen, sich als meine Gefährten anzubieten. Ich sagte allen zu und mit allen vereinbarte ich, in die Berge zu gehen (2. E).* Vor Sonnenaufgang wurden die Kinder geweckt. Nach dem Frühstück, einem Teller Gemüse oder etwas Reissuppe mit Brot und Olivenöl, wurden die Schafe auf die Weide getrieben. Oft schloss sich Lucia anderen Gruppen von Hirten an, gemeinsam konnte man sich die Zeit mit Spielen, Tanzen und Lachen besser vertreiben. Oft wurden die Schafe auf den Cabeço getrieben, einen baumbestandenen Hügel über dem Dorf. Dort besaß die Familie einen Olivenhain – ein herrlicher Ort, bestens zum Spielen geeignet. Pinien und Olivenbäume warfen Schatten; Gräser, Kräuter und Blumen machten ihn zu einem guten Weidegrund für die Schafe. Eine damalige Freundin Lucias, Teresa Matias, erzählt: „Lucia war sehr unterhaltend. Sie hatte eine Art, das Beste aus uns herauszuholen. Sie war sehr intelligent und konnte tanzen und singen und lehrte uns Lieder und Tänze. Wir gehorchten ihr immer. Wir verbrachten Stunden und Stunden mit Tanzen und Singen und vergaßen manchmal zu essen." In der Mittagszeit wurde nach den Schafen geschaut, dann ein karges Mittagessen eingenommen. Nach dem Rosenkranzgebet wurde wieder gespielt, bis die Sonne unterging und die Herden nach Hause getrieben wurden.

Francisco

Francisco Marto, geboren am 11. Juni 1908, war das sechste Kind seines Vaters Manuel Pedro Marto und das achte Kind seiner Mutter Olimpia, die bereits vor ihrer Ehe mit Manuel Pedro verheiratet und früh Witwe geworden war. Francesco „war nicht so robust und dunkel wie seine Cousine Lucia. Er hatte ein rundes, plumpes Gesicht, eine leicht gelbliche Haut, einen schmalen Mund, schmale Lippen und ein wohlgeformtes Kinn. Die Farbe seiner Augen ähnelte der seiner Mutter." Sein Vater erinnerte sich: „Francisco war ein starker und gesunder Junge. Wir glaubten, er würde lange leben und alt werden. Er hatte einen besonderen Charakter, er war sehr herzlich." In ihrer vierten Erinnerung schreibt Schwester Lucia ganz ehrlich: *Beim Spielen war er nicht sehr lebhaft. Nur wenige spielten gerne mit ihm, weil er fast immer verlor. Ich bekenne, dass ich selbst nicht viel für ihn übrig hatte, weil ich überaus lebhaft war und seine Ruhe mir auf die Nerven ging. Ich packte ihn manchmal am Arm und zwang ihn, sich auf den Boden oder auf einen Stein zu setzen*

und verlangte, er solle still sein und mir folgen, als sei ich eine große Autorität. Dann tat er mir leid, ich holte ihn und nahm ihn bei der Hand. Er kam sofort mit der gleichen Gutmütigkeit, als wäre nichts gewesen (4. E).

Der Vater kennt auch eine andere Seite seines Sohnes. Er erinnert sich, dass Francisco sich gegenüber anderen Kindern besser durchsetzen konnte als seine Schwester: „Er war mutiger als sie. Er hatte nicht immer viel Geduld und wegen Kleinigkeiten konnte er wie ein junger Stier herumtoben. Er war kein Feigling. Er ging bei Dunkelheit allein hinaus und zeigte nicht die geringste Angst. Er spielte mit Eidechsen und Schlangen, rollte sie um einen Stock und ließ sie aus Felslöchern trinken oder gab ihnen Milch von Mutterschafen. Er jagte Hasen, Füchse und Maulwürfe." Das zeigt eine andere, wildere Seite von ihm als die, an die sich Schwester Lucia erinnert: *Wenn er älter geworden wäre, dann glaube ich, sein Hauptfehler wäre gewesen, sich niemals aufzuregen (4. E).*

Gemeinsam mit seinen sieben Geschwistern wurde er christlich, streng, aber doch liebevoll und freundlich erzogen, auch wenn seine Eltern keinen großen Wert darauf legten, dass ihre Kinder Schreiben und Lesen lernten. Francisco war sehr musikalisch, spielte die Flöte und liebte die Natur. *Vögel liebte er sehr. Er konnte es nicht ertragen, wenn man ihnen die Nester ausnahm. Stets zerbröckelte er auf*

den Felsen einen Teil seines Mittagsbrotes, um sie zu füttern. Dann entfernte er sich und lockte sie, als würden sie es verstehen. Er ließ nicht zu, dass sich jemand näherte, um sie zu erschrecken ... Eines Tages trafen wir einen kleinen Jungen, der ein Vögelchen, das er gefangen hatte, in der Hand trug. Francisco bot ihm zwanzig Pfennig, wenn er es fliegen ließe. Der Junge nahm das Angebot an, wollte aber zuerst das Geld. Francisco ging deshalb von der Lagoa da Carreira, die etwas unterhalb der Cova da Iria liegt, nach Hause zurück, um die zwanzig Pfennig zu holen und den Gefangenen zu befreien. Als er ihn dann wegfliegen sah, klatschte er vor Freude in die Hände und rief: Pass gut auf! Lass dich nicht mehr fangen! (4. E).
Wie seine Schwester Jacinta war Francisco aufrichtig und wahrheitsliebend. Sein Vater „vertraute den beiden jederzeit. Jacinta tadelte jeden, der die Unwahrheit sagte, selbst ihre Mutter. Die anderen nahmen es nicht so genau." Genau wie sein Vater hatte Francisco einen Hang zur Beschaulichkeit, er konnte träumen und alleine für sich meditieren. *Francisco war sehr wortkarg. Um seine Gebete zu verrichten und seine Opfer zu bringen, verbarg er sich gern vor Jacinta und vor mir. Öfters habe ich ihn hinter einer Mauer oder einem Busch überrascht, wo er sich versteckt hielt. Dort betete er kniend oder er dachte nach, weil er meinte: Unser Herr ist traurig wegen so vieler Sünden. Und wenn ich ihn fragte: Francisco, warum rufst du nicht mich und Jacinta, daß wir mit dir beten?*

– antwortete er: Ich bete lieber alleine, um nachzudenken und Unseren Herrn zu trösten, der so traurig ist (4. E).

Francisco konnte sich an einem wunderbaren Sonnenuntergang begeistern oder den klaren, nächtlichen Sternenhimmel bewundern – Mond und Sterne waren für die Kinder die Lampen unserer Lieben Frau und der Engel, die Sonne aber die Lampe unseres Herrn.

Jacinta

Jacinta, geboren am 11. März 1910, war das jüngste der Seherkinder. Sie hatte ein ganz anderes Temperament als ihr Bruder Francisco, sah ihm aber ähnlich. „Sie hatte das gleiche, kleine, runde Gesicht und regelmäßige Züge, den schmalen Mund und feine Lippen." Ihre Mutter beschreibt sie so: „Sie war nicht so rundlich wie Francisco. Ihre Augen waren hell und strahlender als meine, als ich jung war. Jacinta wollte immer ordentlich frisiert sein. Ich kämmte sie täglich. Sie pflegte eine kleine Jacke, einen Baumwollrock und Schuhe zu tragen. Meine Kinder hatten immer Schuhe." Lucia erinnert sich daran, dass sie vor dem Ereignis von 1917 keine besonders innige Freundschaft mit Francisco und Jacinta verband. *Im Gegenteil, Jacintas Gegenwart war für mich ab und zu ziemlich unangenehm wegen ihres allzu zimperlichen Wesens. Der kleinste Streit, wie er bei spielenden Kindern vorkommt, reichte aus,*

dass sie sich beleidigt in eine Ecke zurückzog. Um sie wieder zum Mitspielen zu bewegen, reichten die zärtlichsten Worte nicht aus, wie sie Kinder bei solchen Anlässen zu sagen wissen. Es war dann nötig, ihr die Wahl des Spieles und auch des Partners zu überlassen, mit dem sie spielen wollte. Sie hatte jedoch schon damals ein sehr gutes Herz. Und der gütige Gott hatte sie mit einem sanften und zutraulichen Charakter ausgestattet, der sie gleichzeitig liebenswürdig und anziehend machte (1. E). Wie ihr Bruder liebte Jacinta die Natur, besonders die Schafe, denen sie besondere Namen gegeben hatte. Taube, Stern, Schönheit oder Schnee wurden sie von ihr getauft. *Jacinta packte auch sehr gerne die weißen Lämmchen, umarmte und küsste sie und trug sie abends auf dem Arm nach Hause, damit sie nicht müde wurden. Eines Tages stellte sie sich auf dem Heimweg in die Mitte der Herde. Jacinta, fragte ich, warum gehst du dort mitten unter den Schafen? Um es wie unser Heiland zu machen, der auf einem Bildchen, das man mir gab, auch so in der Mitte von vielen Schafen steht und eines auf dem Arm hält (1. E).*

Jacinta liebte das Tanzen und Spielen mit anderen Kindern und entwickelte gemeinsam mit ihnen eine originelle Gebetsmethode: *Man hatte uns empfohlen, nach dem Vesperbrot den Rosenkranz zu beten, aber weil uns die Zeit zum Spielen zu kurz vorkam, hatten wir eine gute Art herausgefunden, schnell fertigzuwerden. Wir ließen die Perlen gleiten, indem wir nur sagten: „Ave Maria, Ave Maria, Ave Maria!" Wenn wir am Ende des Geheimnisses angekommen waren, sagten wir mit einer großen Pause die einfachen Worte „Vater unser". Und so hatten wir im Nu unseren Rosenkranz gebetet (1. E).*

Der Schutzengel Portugals

Drei Erscheinungen im Jahr 1915

Im Alter von acht Jahren erlebt Lucia gemeinsam mit einigen Freundinnen beim Schafehüten etwas Besonderes: *Ich wurde beim Hüten der Schafe mit anderen Kindern zusammen von einer Erscheinung überrascht, die uns vollkommen in Verlegenheit brachte. Wir befanden uns eines Tages an den Abhängen des sogenannten Cabeço-Hügels, da sahen wir etwas wie eine weiße Wolke in menschlicher Gestalt, die aus der Höhe, vom Himmel herabgekommen war und langsam vor uns vorbeiging, über den Bäumen, die sich zum unter uns liegenden Tal hinabzogen, als wollte sie unsere Aufmerksamkeit auf sich ziehen und unsere Blicke an sich heften (A).* Diese Erscheinung ereignete sich vermutlich zwischen April und Oktober 1915. Die anderen Zeugen dieses Ereignisses waren Teresa Matias, deren Schwester Maria Rosa und Maria Justino. Die weiße Wolke in menschlicher Gestalt, *ähnlich einer Statue aus Schnee, die durch die Sonnenstrahlen ein wenig durchsichtig wurde (2. E),* erschien während des gemeinsamen Rosenkranzgebets. *Was ist das? – fragten meine Gefährtinnen ganz erschrocken. – Ich weiß es nicht.* Die Kinder setzen das Gebet fort und nachdem sie den Rosenkranz zu Ende gebetet hatten, verschwand die geheimnisvolle Erscheinung wieder. Während Lucia zu Hause über das Geschehene schweigt, berichten ihre Freundinnen ausführlich, was sie erlebt haben, und die Gerüchteküche brodelt. Eines Tages wird Lucia von ihrer Mutter zur Rede gestellt: *Hör mal, man sagt, dass du dort, ich weiß nicht was gesehen hast. Was hast du gesehen? – Ich weiß nicht. Und da ich mich nicht auszudrücken wusste, fügte ich hinzu: Es sah wie eine in ein Bettlaken gehüllte Person aus. Da ich sagen wollte, dass ich ihr Gesicht nicht sehen konnte, sagte ich: Ich weiß nicht, ob sie Augen und Hände hatte. Meine Mutter schloss mit einer Geste der Verachtung: Dummheiten von Kindern (2. E).* Noch zweimal – *längere Zeit danach* – erscheint den Kindern die geheimnisvolle Gestalt an derselben Stelle. Wieder erreichen die Gerüchte die Familie dos Santos: *Es war das dritte Mal, dass meine Mutter im Dorf von diesen Ereignissen hörte, ohne dass ich ihr zu Hause ein Wort darüber erzählt hätte. Sie rief mich also ziemlich verärgert und fragte: Wir wollen mal sehen: Was ist es, dass ihr dort gesehen habt? – Ich weiß nicht, Mutter, ich weiß nicht, was es ist. Einige Leute fingen an zu spotten. Und da ich nach meiner ersten heiligen Kommunion einige Zeit wie geistesabwesend war, wenn ich an das Geschehene dachte, fragten mich meine Schwestern mit leichter Verachtung: Siehst du jemanden in ein Bettlaken gehüllt? Diese Gesten und Worte der*

Verachtung schmerzten mich sehr, denn ich war sie nicht gewohnt, sondern nur Liebkosungen. Aber das war noch gar nichts! Ich wusste nicht, was der gute Gott für mich in Zukunft bereithielt (2. E). Eine merkwürdige Begebenheit, die aber dennoch authentisch erzählt wird. Es gibt keinen Anlass, eine Halluzination zu vermuten, und die Kinder sprechen auch nicht davon, einen Engel gesehen zu haben. Sie sind überrascht und verlegen und zumindest Lucia ist nicht darauf aus, sich wichtig zu machen, schweigt sie doch zu Hause über das Geschehene. Viele Jahre später erinnert sich Schwester Lucia: *Die Erscheinung hatte in meinem Geist einen bestimmten Eindruck hinterlassen, den ich nicht erklären kann. Langsam verschwand dieser Eindruck und ich glaube, wenn nicht die darauffolgenden Ereignisse gekommen wären, hätte ich sie mit der Zeit völlig vergessen (4. E).* Und mit 90 Jahren ist sich Schwester Lucia sicher: *Es sind mir über diese Erscheinungen, die sich verschiedene Male und an verschiedenen Orten wiederholten, viele Fragen gestellt worden. Meine Erwiderung ist heute dieselbe, wie sie damals war: Ich weiß nicht, was es war noch was es bedeutete. In meiner Seele aber blieb eine innere Überzeugung zurück, die ich nicht verheimlichen möchte; sie lässt mich glauben, es war der Schutzengel. Vielleicht wollte er auf diese Weise und ohne zu sprechen seine Gegenwart spürbar machen und so die Seelen für die Verwirklichung der Pläne Gottes vorbereiten (A).*

Drei Erscheinungen im Jahr 1916

Als Lucia die Aufgabe übertragen wird, die Schafe zu hüten, wollen Jacinta und Francisco sie sehr gerne begleiten, aber deren Mutter Olimpia lehnt das Ansinnen ab, die beiden waren noch zu jung. Doch steter Tropfen höhlt den Stein und ein gutes Jahr später hatte ihr andauerndes Betteln Erfolg: *Obgleich sie noch so klein waren, übertrug meine Tante ihnen schließlich die Aufsicht über ihre Schafe, vielleicht um Ruhe vor den ständigen Bitten zu haben. Freudestrahlend überbrachten sie mir die Nachricht und wir vereinbarten, wie wir jeden Tag unsere Herden zusammenbringen wollten (1. E).* Lucia, die mit neun Jahren *weder die Jahre noch die Monate, ja nicht einmal die Wochentage zählen konnte (4. E),* geht davon aus, dass die nächste Erscheinung des Schutzengels irgendwann im Frühjahr 1916 geschah. Gemeinsam mit Jacinta und Francisco machte sie sich eines Morgens auf den Weg. *Eines schönen Tages zogen wir mit unseren Schafen zu einem Grundstück meiner Eltern, das am Fuß des besagten Berges nach Osten liegt. Dieses Grundstück heißt „Chousa Velha". Dort begann am Vormittag ein leichter Regen zu fallen, kaum mehr als Tau. Wir stiegen den Berghang hinauf, gefolgt von unseren Schafen, auf der Suche nach einem Felsen, der uns als Schutz dienen sollte. Es war damals das erste Mal, dass wir diese gesegnete Felsenhöhle betraten (2. E).* Die Kinder verbringen dort den Tag, der Regen lässt nach und die Sonne bricht durch. Es wird ein schöner Tag. Nach dem Mittagessen beten die Kinder etwas zerstreut den Rosenkranz und fangen an zu spielen. *Wir hatten schon ein Weilchen gespielt, als plötzlich, obwohl es sonst ein ruhiger Tag war, ein starker Wind die Bäume schüttelte. Wir blickten nach oben und sahen dann jene Gestalt, von der ich schon erzählte, über den Olivenhain auf uns zukommen. Jacinta und Francisco hatten sie noch nie gesehen, noch hatte ich ihnen von ihr erzählt. Wie sie sich uns näherte, konnten wir ihr Aussehen erkennen: ein Jüngling von 14 bis 15 Jahren, weißer als der Schnee. Die Sonne machte ihn durchsichtig, als wäre er aus Kristall. Er war von großer Schönheit. Als er vor uns stand, sagte er: Habt keine Angst! Ich bin der Engel des Friedens! Betet mit mir! Auf die Erde niederkniend, beugte er seine Stirn bis zum Boden und ließ uns dreimal diese Worte wiederholen: Mein Gott, ich glaube an Dich, ich bete Dich an, ich hoffe auf Dich, ich liebe Dich. Ich bitte Dich um Verzeihung für jene, die an Dich nicht glauben, Dich nicht anbeten, auf Dich nicht hoffen und Dich nicht lieben. Danach sagte er sich erhebend: So sollt ihr beten, die Herzen Jesu und Mariens sind auf eure Bitten aufmerksam. Seine Worte gruben sich so tief in unser Gedächtnis, dass wir sie niemals mehr vergaßen. Von da an verbrachten wir viel Zeit damit, sie so tief gebeugt zu wiederholen, bis wir manchmal vor Müdigkeit umfielen. Ich riet den anderen sofort, die Sache geheim zu halten, und diesmal folgten sie*

Gott-sei-Dank meinem Willen (2. E). An anderer Stelle erwähnt Schwester Lucia, dass die Kinder von einer „übernatürlichen Kraft" dazu bewegt wurden, sich wie der Engel niederzuwerfen und mit der Stirn den Boden zu berühren (3. E).

Die Atmosphäre des Übernatürlichen, die uns umgab, war so intensiv, dass wir ziemlich lange kaum unseres eigenen Daseins innewurden. Wir blieben in der Haltung, in welcher der Engel uns zurückgelassen hatte, und wiederholten dasselbe Gebet. Wir fühlten die Gegenwart Gottes so gewaltig und innerlich, dass wir nicht einmal untereinander zu sprechen wagten. Noch am nächsten Tag war unser Geist in diese Atmosphäre eingehüllt, die nur sehr langsam verschwand. Keiner von uns dachte daran, über die Erscheinung zu sprechen oder ihre Geheimhaltung zu empfehlen. Diese drängte sich von selbst auf. Sie war so innerlich, dass es nicht leicht war, darüber auch nur ein Wort zu sagen. Vielleicht machte sie auf uns dadurch einen größeren Eindruck, weil es die erste war (4. E).

Während Lucia und Jacinta verstehen, was der Engel sagt, kann Francisco ihn nicht hören. Später wird es bei den Erscheinungen der Muttergottes ähnlich sein. Er hört aber, wie seine Schwester und Lucia beten, und lernt das Gebet des Engels von ihnen.

Der Engel des Friedens erscheint in der friedlosen Welt. Ein Engel, der zu den Hirten kommt – man erinnert sich an die wunderbaren Geschehnisse in der Heiligen Nacht, als der Erlöser zu Betlehem geboren wurde. Überhaupt entspricht der Engel, den die Kinder beschreiben, genau den biblischen Darstellungen der Engel. Auch die Engel, die am Ostermorgen die Frauen am Grab erwarten, tragen weiße, leuchtende Gewänder (Lk 24,4; Mk 16,5; Joh 20,12). Die Anrede des Engels („Habt keine Angst!") entspricht dem Gruß des Engels Gabriel an Zacharias (Lk 1,13) und an Maria (Lk 1,30). Auch der Engel, der Josef im Traum erscheint, sagt: „Josef, Sohn Davids, fürchte dich nicht!" (Mt 1,20). Und die Engel, die den Hirten von Betlehem erscheinen, beginnen ihre Verkündigung mit der Zusage: „Fürchtet euch nicht, denn ich verkünde euch eine große Freude!" (Lk 2,10).

Der Engel des Friedens schenkt den Hirtenkindern ein Gebet, das er kniend und tief gebeugt verrichtet – eine Geste der Demut und Hingabe, die wir bereits aus dem Alten Testament kennen (Gen 18,2; 19,1). Das Gebet erfleht die göttlichen Tugenden Glaube, Hoffnung und Liebe. Sie sind der Schlüssel zu einem christlichen Leben, sie sind die Geschenke, die wir von Gott empfangen dürfen, wenn wir nur wollen. Gleichzeitig kommt der wichtige christliche Gedanke der Stellvertretung zum Ausdruck. Wir stehen vor Gott nicht isoliert, nur für uns selbst; wir stehen vor Gott in der Gemeinschaft der Getauften und Gefirmten, in der Gemeinschaft der Kirche.

Glauben ist eine Sache des Miteinanders und Füreinanders. „Einer trage des anderen Last; so werdet ihr das Gesetz Christi erfüllen" (Gal 6,2).

Die zweite Erscheinung des Engels ereignete sich nicht am Cabeço-Hügel, sondern in Aljustrel, im Garten der Familie dos Santos, bei einer Zisterne, mit der Regenwasser gesammelt wurde. Dieser Poço do Arneiro genannte Ort heißt heute „Engelsbrunnen". Schwester Lucia erinnert sich: *Längere Zeit danach spielten wir an einem Sommertag, an dem wir die Zeit der Mittagsruhe zu Hause verbrachten, an einem Brunnen, den meine Eltern im Hof hatten … Plötzlich sahen wir vor uns die gleiche Gestalt, den Engel, wie mir schien. Er sagte: Was macht ihr? Betet, betet viel! Die Herzen Jesu und Mariens haben mit euch Pläne der Barmherzigkeit vor. Bringt dem Allerhöchsten unaufhörlich Gebete und Opfer dar. – Wie sollen wir Opfer bringen?, fragte ich. – Macht aus allem, was ihr könnt, ein Opfer, um die Sünden gutzumachen, durch die Er beleidigt wird, und die Bekehrung der Sünder zu erflehen. Gewinnt so für euer Vaterland den Frieden. Ich bin sein Schutzengel, der Engel Portugals. Vor allem nehmt das Leid an und ertragt in Ergebung, was der Herr euch schicken wird (2. E).*

Später am Abend fragt Francisco, der die himmlische Vision nur sehen, aber nicht hören kann, seine Cousine Lucia, was der Engel gesagt hatte.

Doch Lucia war noch ganz im Bann der mystischen Vision gefangen und bat ihn, bis zum nächsten Tag zu warten. Auch Jacinta konnte noch keine Worte finden: *Ich sage es dir morgen; ich kann heute nicht sprechen (4. E).* In den darauffolgenden Tagen versuchen die Mädchen dann, die vielen Fragen Franciscos zu beantworten. *Wer ist der Allerhöchste? Was heißt das: Die Herzen Jesu und Mariä werden auf eure Bitten hören? (4. E).* Doch Francisco bekommt nicht alle Antworten, die er sich wünscht. Seine Schwester will das Geschehene nicht zerreden: *Hör zu! Von diesen Dingen spricht man nur wenig (4. E).*

Gebete, Opfer und das geduldige Ertragen des Leids sind der Weg zur Bekehrung der Sünder, der Weg zum Frieden für das Vaterland. Diese Botschaft des Engels entspricht ganz dem Evangelium, das unter der Überschrift steht: „Die Zeit ist erfüllt, das Reich Gottes ist nahe. Kehrt um und glaubt an das Evangelium!“ (Mk 1,15). Umkehr und Buße sind die Voraussetzung, um sich von Neuem Gott zuwenden zu können. Der Weg des Christen ist der Weg der Hingabe: „Wer mein Jünger sein will, der verleugne sich selbst, nehme täglich sein Kreuz auf sich und folge mir nach. Denn wer sein Leben retten will, wird es verlieren; wer aber sein Leben um meinetwillen verliert, der wird es retten“ (Lk 9,23f.).

Tief haben sich diese Worte des Engels in die Herzen der Kinder eingegraben, gern wollen sie dem Aufruf des himmlischen Boten folgen: *Diese*

Worte des Engels prägten sich in unseren Geist ein wie ein Licht, das uns erkennen ließ, wer Gott ist, wie sehr Er uns liebt und von uns wiedergeliebt werden will. Wir erkannten den Wert des Opfers und wie es Ihm wohlgefällig ist; und wie Er um des Opfers willen Sünder bekehrt. Von dieser Zeit an begannen wir, dem Herrn alles aufzuopfern, was uns kränkte, doch suchten wir damals keine anderen Abtötungen oder Bußübungen, als stundenlang auf die Erde niedergeworfen das Gebet des Engels zu wiederholen (4. E).

Die Selbstbezeichnung des Engels als „Schutzengel Portugals" wird verständlich, wenn man bedenkt, dass in Portugal seit dem 16. Jahrhundert das Fest des Schutzengels von Portugal liturgisch gefeiert wird, heute ist der Gedenktag am 10. Juni. Der Gedanke, dass Länder und Völker eigene Schutzengel besitzen, ist bereits im Alten Testament präsent (Dan 10,13.20f.; 12,1).

Die dritte und letzte Erscheinung des Engels fand *Ende September oder Anfang Oktober (4. E)* statt. *So verging einige Zeit und wir waren mit unseren Herden auf dem Weg zu einem Grundstück meiner Eltern, das am Abhang des schon erwähnten Berges liegt, ein bisschen über den Valinhos* („Valinhos" bezeichnet einen Acker unweit von Aljustrel, an dem die vierte Marienerscheinung am 19. August 1917 stattfand). *Es ist ein Olivenhain, den wir Pregueira nannten. Nachdem wir gegessen hatten, beschlossen wir, zur*

Höhle zu gehen, die auf der anderen Seite des Berges lag. Wir machten darum eine Runde um den Berg und mussten einige Felsen hinaufklettern, die auf dem Gipfel der Pregueira liegen. Den Schafen gelang es nur mit großer Mühe, sie zu überqueren. Als wir dort ankamen, begannen wir auf den Knien, die Gesichter am Boden, das Gebet des Engels zu wiederholen: Mein Gott, ich glaube an Dich, ich bete Dich an, ich hoffe auf Dich und ich liebe Dich usw. Ich weiß nicht, wie viele Male wir dieses Gebet wiederholt haben, als wir über uns ein unbekanntes Licht erstrahlen sahen. Wir richteten uns auf, um zu sehen, was da vor sich ging, und sahen den Engel. In der linken Hand hielt er einen Kelch; darüber schwebte eine Hostie, aus der einige Blutstropfen in den Kelch fielen. Der Engel ließ den Kelch in der Luft schweben, kniete sich zu uns nieder und ließ uns dreimal wiederholen: Heiligste Dreifaltigkeit, Vater, Sohn und Heiliger Geist, in tiefer Ehrfurcht bete ich Dich an und opfere Dir auf den kostbaren Leib und das Blut, die Seele und die Gottheit Jesu Christi, gegenwärtig in allen Tabernakeln der Erde, zur Wiedergutmachung für alle Schmähungen, Sakrilegien und Gleichgültigkeiten, durch die Er selbst beleidigt wird. Durch die unendlichen Verdienste Seines Heiligsten Herzens und des Unbefleckten Herzen Mariens bitte ich Dich um die Bekehrung der armen Sünder. Danach erhob er sich, ergriff den Kelch und die Hostie, reichte mir die heilige Hostie und teilte das Blut im Kelch zwischen Jacinta und Francisco auf, wobei er sprach: Empfangt den Leib und trinkt das Blut Jesu Christi, der durch die undankbaren Menschen so furchtbar beleidigt wird. Sühnt ihre Sünden und tröstet Euren Gott. Er kniete sich von Neuem auf die Erde, wiederholte mit uns noch dreimal das gleiche Gebet „Heiligste Dreifaltigkeit" und verschwand. Wir verharrten in dieser Haltung und wiederholten immer die gleichen Worte. Als wir uns erhoben, sahen wir, dass es Abend und daher Zeit war, nach Hause zu gehen (2.+4. E).

Bewegt von der Kraft des Übernatürlichen, das uns umhüllte, ahmten wir den Engel in allem nach, das heißt, wir knieten wie er nieder und wiederholten die Gebete, die er gesprochen hatte. Die Kraft der Gegenwart Gottes war so intensiv, dass sie uns fast gänzlich fesselte und vernichtete. Sie schien uns längere Zeit selbst des Gebrauches unserer körperlichen Sinne zu berauben. In diesen Tagen erledigten wir unsere Arbeiten, gleichsam getragen von demselben übernatürlichen Wesen, das uns dazu bewegte. Der Friede und das Glück, das wir fühlten, waren sehr groß, aber rein innerlich, und richtete die Seele völlig auf Gott. Auch die körperliche Entkräftung, die uns niederwarf, war sehr groß (4. E).

Bei der dritten Erscheinung war die Gegenwart des Übernatürlichen noch sehr viel stärker. Mehrere Tage lang wagte selbst Francisco nicht einmal zu sprechen. Später sagte er: Ich sehe den Engel sehr gerne. Das Schlimme ist aber, dass man danach zu nichts mehr fähig ist. Ich konnte nicht einmal richtig gehen. Ich weiß nicht, was ich hatte. Trotzdem war er es, der nach der dritten Erscheinung des Engels merkte, dass es Abend wurde. Er machte uns darauf aufmerksam und dachte daran, die Herde nach Hause zu treiben. Nach einigen Tagen, als er seinen normalen Zustand wiedererlangt hatte, fragte Francisco: Der Engel hat dir die hl. Kommunion gereicht. Was war es aber, das er Jacinta und mir gab? Es war ebenfalls die heilige Kommunion, antwortete Jacinta mit unaussprechlicher Glückseligkeit. Hast du nicht gesehen, dass das Blut aus der Hostie tropfte? Ich habe gespürt, dass Gott in mir war, ich wusste aber nicht, wie. Dann kniete er nieder, neigte den Kopf zur Erde, blieb lange Zeit mit seinem Schwesterchen in dieser Haltung, während sie das Gebet des Engels wiederholten: „Allerheiligste Dreifaltigkeit…" Nach und nach verging jene Atmosphäre und am 13. Mai spielten wir schon fast mit dem gleichen Vergnügen und der unbekümmerten Freude wie früher (3. E).

Bei der dritten Erscheinung des Engels steht das Geheimnis der Eucharistie im Mittelpunkt. In diesem Sakrament begegnen wir Jesus Christus in seiner Gottheit und Menschheit, mit Leib und Seele unter den Gestalten von Brot und Wein. Die Kinder lernen ein Gebet, das an den dreifaltigen Gott gerichtet ist und um Wiedergutmachung für all die Sakrilegien und Missbräuche bittet, die aus Unglaube oder Gleichgültigkeit im Umgang mit dem Alktarsakrament entstehen. Auch wird für die Bekehrung der Sünder gebetet. Die Kinder empfangen in mystischer Weise die heilige Kommunion – ein Vorgang, den wir auch von anderen Heiligen kennen. So schreibt die heilige Schwester Faustyna Kowalska in ihrem Tagebuch von einem Krankenhausaufenthalt. Die sie versorgenden Schwestern halten sie für zu schwach, um am nächsten Tag kommunizieren zu können. „Das tat mir unermesslich weh, aber ich sagte ganz ruhig: ‚Einverstanden' und bemühte mich, im vollkommenen Vertrauen auf den Herrn einzuschlafen. Am Morgen hielt ich die Betrachtung und bereitete mich auf die heilige Kommunion vor, obwohl Jesus nicht zu mir kommen sollte. Als meine Sehnsucht und Liebe zur höchsten Stufe gelangten, erblickte ich plötzlich einen Serafim an meinem Bett, der mir die hl. Kommunion reichte: ‚Siehe, der Herr der Engel!' Nach dem Empfang des Herrn versenkte sich mein Geist in die Liebe Gottes und verfiel in Erstaunen. Das wiederholte sich 13 Tage lang, ohne die Sicherheit, ob er anderntags wiederkommen würde" (TB 1676). An die Offenbarungen des Barmherzigen Jesus an Schwester Faustyna erinnert auch das Gebet des Engels, das dieselben Worte verwendet wie eines der Gebete des Barmherzigkeitsrosenkranzes, den Schwester Faustyna von Jesus empfängt: „Ewiger Vater, ich opfere dir auf den Leib und das Blut, die Seele und die Gottheit deines über alles geliebten

Sohnes, unseres Herrn Jesus Christus, um Verzeihung für unsere Sünden und die Sünden der ganzen Welt zu erlangen."

Die Dreifaltigkeit, die Eucharistie, die Herzen Jesu und Mariä, das stellvertretende Eintreten für die Sünder, Buße und Sühne sind die theologischen Themen der dritten Engelserscheinung. Sie sind ganz und gar katholisch, ganz und gar der Lehre der Kirche entsprechend. Fast klingt es wie ein Kommentar zu der Botschaft des Engels, wenn Papst Pius XI. in seiner Enzyklika über die Herz-Jesu-Verehrung „Miserentissimus Redemptor" 1928 beschreibt, wie der Herr durch unsere Sühne getröstet wird: „Unsere Sünden lagen in der Zukunft, waren aber vorausgesehen; auch ihretwegen wurde Christi Seele todtraurig. Unsre Sühne sah er gleichfalls voraus; wer dürfte zweifeln, dass er auch aus ihr sich etwas Trost holte, schon damals, als ‚vom Himmel ihm ein Engel erschien', um sein von Ekel und Angst gepeinigtes Herz zu trösten? Tatsächlich können und sollen wir so sein heiliges Herz, das von Sünden des Undanks immerfort verwundet wird, auch jetzt wundersam und doch wahrhaftig trösten."

Doch Pius XI. konnte von den Erscheinungen des Schutzengels von Portugal keine Kenntnis haben, denn die drei Hirtenkinder schwiegen über die wunderbaren Visionen, deren Zeugen sie geworden waren. Zu Lebzeiten haben Francisco und Jacinta niemandem von dem Engel erzählt und

Schwester Lucia hat erst 1935 damit begonnen, ihre Erinnerungen im Auftrag des Bischofs von Leiria niederzuschreiben.

Nach der dritten Erscheinung des Engels kehren die Kinder langsam wieder in den normalen Alltag zurück. In Lucias Familie gibt es Probleme, das Geld wird knapp und zwei ihrer Schwestern verlassen das Elternhaus, um als Haushaltsgehilfinnen zu arbeiten. So sind nur noch Lucia und ihr Bruder bei den Eltern. Die Neigung des „Kürbis" zu Wein und Kartenspiel trug nicht zu einer Entspannung der Lage bei. *Meine arme Mutter lebte in tiefes Leid versunken, und wenn wir drei abends am Herd zusammensaßen und mit dem Abendessen auf meinen Vater warteten, sagte meine Mutter beim Anblick der leeren Plätze ihrer anderen Töchter in tiefer Traurigkeit: Mein Gott! Wo ist die Freude dieses Hauses hin? (2. E).* Schließlich wird die Mutter krank und muss sich einer belastenden Behandlung unterziehen.

Gemeinsam mit Francisco und Jacinta besteht Lucia diese schwere Zeit. Sie denken an die Botschaft des Engels und bringen ihre Probleme und Schwierigkeiten als Akt der Wiedergutmachung und für die Bekehrung der Sünder Gott dar.

Die Señora

13. Mai 1917 – 1. Erscheinung

Am 13. Mai, dem Sonntag vor Christi Himmelfahrt, trieben Lucia, Francisco und Jacinta nach dem Gottesdienst ihre Schafherden auf die Weide, ein kleines Grundstück an der Cova da Iria, das ihren Eltern gehörte. Um die Mittagszeit erreichten sie ihr Ziel. Schwach konnte man das Angelusgeläut der Kirche von Fatima vernehmen. Die Kinder sprachen ein Vaterunser für die Armen Seelen im Fegfeuer und verzehrten ihr einfaches Mahl. Später trieben sie die Schafe etwas weiter den Hügel hinauf und begannen, ein Spielhäuschen zu errichten. *Ich spielte mit Francisco und Jacinta auf dem Gipfel des Abhanges der Cova da Iria. Wir bauten eine kleine Mauer rund um ein Gebüsch, da sahen wir plötzlich etwas wie einen Blitz.* Die Kinder bekommen Angst. Ein Gewitter könnte heraufziehen! Lucia schlägt vor, nach Hause zu gehen. *Also gut! Wir begannen den Abhang hinabzusteigen und trieben die Schafe in Richtung auf die Straße. Als wir ungefähr in der Mitte des Abhangs waren, fast neben einer großen Eiche, sahen wir wieder einen Blitz und nach einigen Schritten erblickten wir über einer Steineiche eine Dame, ganz in Weiß gekleidet, strahlender als die Sonne. Sie verbreitete ein noch helleres Licht als die hellsten Sonnenstrahlen, die durch ein mit Wasser gefülltes Kristallglas scheinen. Überrascht durch diese Erscheinung, blieben wir stehen. Wir standen so nahe, dass wir innerhalb des Lichtes blieben, welches sie umgab oder das sie ausstrahlte. Der Abstand betrug etwa eineinhalb Meter. Dann sagte Unsere Liebe Frau: Habt keine Angst! Ich tue euch nichts Böses! – Woher kommen Sie?, fragte ich sie. – Ich bin vom Himmel! – Und was wollen Sie von mir? – Ich bin gekommen, euch zu bitten, dass ihr in den folgenden sechs Monaten, jeweils am Dreizehnten zur selben Stunde, hierherkommt. Dann werde ich euch sagen, wer ich bin und was ich will. Ich werde danach noch ein siebtes Mal hierher zurückkehren (4. E).* Wie der Schutzengel Portugals spricht die Señora die Kinder freundlich an: Habt keine Angst! Die drei Kinder sind überrascht, aber nicht bestürzt, sie empfinden Frieden und Freude bei der Begegnung mit der Dame. Schon ahnen sie, dass es die Muttergottes sein könnte. Lucia wagt es, die Señora anzusprechen: *Komme ich auch in den Himmel? – Jawohl! – Und Jacinta? – Auch! – Und Francisco? – Auch, aber er muss noch viele Rosenkränze beten.* Francisco kann nicht hören, was die Muttergottes sagt, später erzählen es ihm die beiden Mädchen. Als er erfährt, dass er in den Himmel kommen wird, ist er entzückt und ruft aus: *O Meine Liebe Frau! Rosenkränze werde ich beten, so viele du willst! (4. E).* Lucia interessiert sich nun für das Schicksal zweier jung verstorbener Freundinnen, die in Lucias Elternhaus das Kochen und Weben erlernt hatten. – *Ist Maria das Neves schon im Himmel?– Jawohl. (Ich glaube, sie war ungefähr 16 Jahre alt gewesen). – Und Amelia? – Sie bleibt bis zum Ende der Welt im Fegfeuer. (Ich glaube, sie wurde etwa 18 bis 20 Jahre alt.)* Nun stellt die Señora eine wichtige Frage: *Wollt ihr euch Gott anbieten, um alle Leiden zu ertragen, die Er euch schicken wird, zur Sühne für alle Sünden, durch die Er beleidigt wird, und als Bitte um die Bekehrung der Sünder? – Ja, wir wollen es! – Ihr werdet also viel leiden müssen, aber die Gnade Gottes wird eure Stärke sein! Als sie diese letzten Worte sagte (die Gnade Gottes usw.), öffnete sie zum ersten Mal die Hände und übermittelte uns ein so starkes Licht, das wie ein Widerschein von ihren Händen ausging. Es drang uns in die Brust und bis in die tiefste Tiefe der Seele und wir erkannten uns selber in Gott, der dieses Licht war, viel klarer, als wir uns im besten Spiegel sehen konnten. Durch eine innere Anregung, die uns ebenfalls mitgeteilt wurde, fielen wir nun auf die Knie und wiederholten ganz innerlich: O Heiligste Dreifaltigkeit, ich bete Dich an. Mein Gott, mein Gott, ich liebe Dich im heiligsten Sakrament. Nach einigen Augenblicken fügte Unsere Liebe Frau hinzu: Betet täglich den Rosenkranz, um den Frieden der Welt und um das Ende des Krieges zu erlangen! Daraufhin begann sie, sich langsam zu erheben und in Richtung des Sonnenaufgangs aufzusteigen, bis sie in der Unendlichkeit der Ferne verschwand. Das Licht, das sie umgab, schien einen Weg durch die Himmelswölbung zu öffnen. Aus diesem Grunde haben wir zuweilen erklärt, wir hätten den Himmel sich öffnen sehen (4. E).*

Die Kinder sind ganz und gar erfüllt und fasziniert von der Erscheinung der Señora. Jacinta ist hingerissen von der Schönheit der Dame. „Was für eine schöne, schöne Señora!“, seufzt sie immer wieder. Lucia ist nachdenklich. Das Schicksal ihrer verstorbenen Freundin Amelia beschäftigt sie, auch die Worte der Señora, die ankündigte, dass Gott viel Leid schicken wird, hallen noch nach. Lucia schlägt vor, die Vision geheim zu halten und zu Hause nichts zu erzählen. Jacinta und Francisco stimmen zu, aber die Begeisterung der siebenjährigen Jacinta ist zu groß. Obwohl Lucia auf dem Heimweg ihre beiden Gefährten beschwört, das Geheimnis zu bewahren, kann Jacinta zu Hause nicht schweigen. Etwas in ihr treibt sie an, von der schönen Señora und ihrem Versprechen, sie in den Himmel zu holen, zu berichten. Außerdem war sie es nicht gewohnt, Geheimnisse vor der Mutter zu haben. Jetzt soll sie diese große Freude nicht teilen? Nein, das war ihr unmöglich. Ihre Eltern waren nicht zu Hause, als die Kinder die Schafe in die Ställe treiben. Ungeduldig wartet Jacinta am Tor auf ihre Eltern, die auf dem sonntäglichen Markt in Batalha ein Schwein erstehen wollten. Olimpia Marto erinnert sich: „Meine kleine Tochte rannte mir entgegen und umfasste meine Knie, wie sie es noch nie getan hatte. ‚Mutter!' rief sie aufgeregt, ‚ich sah Unsere Liebe Frau heute in der Cova da Iria!' ‚Das ist wahrscheinlich so, nicht wahr?' sagte ich. ‚Ich glaube, du bist wohl eine Heilige, dass du Unsere Liebe Frau siehst!' Jacinta schien daraufhin niedergeschmettert, aber sie ging mit mir ins Haus und sagte nochmals: ‚Aber ich habe sie gesehen!' Dann erzählte sie mir, was geschehen war, von dem Blitz und ihrer Angst, von dem Licht, das so blendend war, dass man kaum hineinschauen konnte, von dem Rosenkranz, den sie täglich beten sollten. Aber ich glaubte kein Wort von dem, was sie sagte, und hörte ihr kaum zu. Ich sagte zu ihr, sie hätte wohl ihren Verstand verloren, zu glauben, dass ihr die Muttergottes erschien." Später ist die ganze Familie beim Abendessen um den Tisch versammelt und Jacinta erzählt noch einmal ausführlich von der Erscheinung der Señora. Ihr Bruder Francisco versichert, dass sich alles so abgespielt hat. Während Olimpia und ihre anderen Brüder ihr nicht glauben, ist ihr Vater nachdenklich: „Von Anfang an spürte ich, dass die Kinder die Wahrheit sagten. Ja, ich denke, ich glaubte sofort, was die Kinder sagten. Es schien mir außergewöhnlich, aber die Kinder hatten von diesen Dingen noch nie etwas gehört, zumindest kaum etwas. Wenn ihnen die göttliche Vorsehung nicht geholfen hätte, wie hätten sie diese Aussagen machen können! Aber ich wusste sehr wohl, dass Francisco und Jacinta niemals lügten."

Bereits früh am nächsten Morgen macht die sensationelle Nachricht ihre Runde im Dorf. Lucias ältere Schwester Maria erfährt die Nachricht von einem Nachbarn und stellt Lucia zur Rede: „Gleich am frühen Morgen kam ein Nachbar und sagte mir, dass Jacintas Mutter erzählt habe, das Kind habe ihr etwas ganz Außerdordentliches berichtet. Als ich die Geschichte hörte, war ich ziemlich schockiert. Ich ging schnurstracks zu Lucia, die unter einem Feigenbaum saß. Was sie gerade tat, weiß ich nicht mehr. ‚Lucia', sagte ich zu ihr: ‚Ich hörte, dass ihr Unsere Liebe Frau in der Cova da Iria gesehen habt. Ist das wahr?' ‚Wer hat dir das gesagt?' Sie rang beinahe nach Luft. ‚Die Nachbarn sagen, dass Jacinta es Olimpia erzählt habe.' Lucia dachte einen Augenblick nach und sagte dann zu mir: ‚Und ich habe ihr so oft gesagt, sie solle es niemandem erzählen.' Ich fragte sie warum und sie antwortete mir, sie sei sich nicht sicher, ob es wirklich Unsere Liebe Frau war, obgleich es eine schöne Dame war. ‚Was sagte sie zu euch?' ‚Sie sagte, wir sollten während der sechs aufeinanderfolgenden Monate in die Cova da Iria kommen. Später würde sie uns sagen, was sie wünsche' ‚Hast du gefragt, wer sie ist?' ‚Ich fragte sie, woher sie käme und sie sagte, sie käme vom Himmel.' Ich hatte den Eindruck, als wollte sie mir nichts weiter erzählen, aber ich zwang sie beinahe dazu. Ich glaube nicht, dass ich Lucia jemals so traurig gesehen habe. Dann kam Francisco und sagte, dass Jacinta ihren Mund nicht gehalten hätte und daß zuhause jeder wüsste, was in der Cova da Iria geschehen war. Auch meine Mutter hörte davon. Sie sträubte sich jedoch von Anfang an, die Sache ernst zu nehmen. Als ich ihr aber sagte, was Lucia mir erzählt hatte, wurde sie aufmerksam und beschloss, sie zu fragen. Lucia erzählte ihr genau das Gleiche, was sie mir berichtet hatte." Doch Rosa dos Santos kann ihrer Tochter keinen Glauben schenken. Zu unwahrscheinlich hört sich die Geschichte an. Was denkt sich das sonst so vernünftige Kind nur aus? Warum lügt sie? Warum macht sie sich und die Familie zum Gespött des ganzen Dorfes?

In den folgenden Tagen treiben die Kinder wie gewohnt ihre Herden zur Wiese. Doch das fröhliche, ausgelassene Treiben ist einer matten Traurigkeit gewichen. Die Freude, die die Erscheinung der Señora brachte, erfüllt nicht mehr ihre Herzen. Jacinta sieht, welche Auswirkungen ihre Indiskretion hatte, und bittet Lucia um Verzeihung. Lucia trägt schwer daran, dass die Mutter sie für eine Lügnerin hält und sie zwingen möchte, die vermeintliche Lüge zuzugeben und sich zu entschuldigen. Den Kindern ist nicht nach Spielen zumute. Einmal schlägt Francisco vor, dem Wunsch der Señora nachzukommen, und ein Opfer für die Bekehrung der Sünder zu bringen. Die Kinder beschließen, an diesem Tag zu fasten, und verfüttern ihre mitgebrachte Vesper an die Schafe. Später kommen sie auf die Idee, dass es der Señora wohl besser gefallen hätte, wenn sie Brot und Käse den bettelnden Kindern gegeben hätten, die sie manchmal auf der Straße sehen. Als der Hunger unerträglich wird, essen sie Tannenzapfen, Brombeeren, Wurzeln und Pilze. Die bedrückenden Tage werden noch schlimmer, wenn die Hirtenkinder abends wieder nach Hause zurückkehren. Besonders Lucia leidet unter den Vorhaltungen ihrer Mutter: „Warum muss mir in meinem Leben so etwas passieren, immer habe ich darauf geachtet, dass meine Kinder nicht lügen und nun – solch eine Lüge!" Mit allen Mitteln – auch der Besenstiel wird eingesetzt – versucht Rosa dos Santos, ihre Tochter dazu zu bewegen, die „Lüge" einzugestehen, doch sie erntet nichts als stures Schweigen und die Bestätigung dessen, was Lucia schon vorher erzählt hatte. Lucias Vater, der „Kürbis", versucht seine Frau zu besänftigen. *Während meine Mutter sich sehr darüber aufregte, behielt mein Vater eine Haltung des Glaubens und Vertrauens inne. Wenn Mutter sich sehr darüber bekümmerte und alles für einen Schwindel hielt, beruhigte sie mein Vater: Reg dich nicht auf! Wir wissen nicht, ob es wahr ist, aber wir wissen auch nicht, ob es eine Lüge ist. Warten wir ab! (5. E).* Doch Lucias Mutter lässt sich nicht so leicht beschwichtigen. In ihrer Verzweiflung sucht sie Hilfe beim Ortspfarrer,

Manuel Marques Ferreira, der von 1914 bis 1919 Pfarrer in Fatima war. Doch auch das Gespräch mit dem Pfarrer kann Lucia nicht dazu bringen, eine Lüge einzugestehen. Der Pfarrer selbst hält sich mit einem Urteil zurück und empfiehlt der Mutter, die Kinder im Juni zur Cova da Iria gehen zu lassen, um sie ihm anschließend noch einmal zu einem Gespräch vorzustellen.

13. Juni 1917 – 2. Erscheinung

Je näher der 13. Juni heranrückte, umso heftiger wurde in Fatima über die drei Hirtenkinder diskutiert. Kaum jemand glaubte die Geschichte von der Erscheinung der Señora; die Kinder, aber auch deren Eltern, wurden kritisiert, belächelt und verspottet. Gleichzeitig wurde in Fatima alles für ein großes Fest vorbereitet, denn der 13. Juni war der Gedenktag des heiligen Antonius. Dieses Fest, das in ganz Portugal gefeiert wurde, war in Fatima von besonderer Bedeutung, denn der hl. Antonius war der Pfarrpatron. Jedes Jahr gab es die „Festa", es wurde eine heilige Messe gefeiert, es gab eine große Prozession mit geschmückten Ochsenkarren und einem großen Fest mit Musik, Tanz und Feuerwerk. Am Vorabend des 13. Juni bittet die kleine Jacinta ihre Mutter: „Mama, geh morgen nicht zum Antoniusfest! Komm lieber mit uns zur Cova da Iria, um Unsere Liebe Frau zu sehen!" Die Kleine kann nicht verstehen, dass die Mutter ihren Wunsch nicht erfüllen möchte: „Welche Frau? Du verrücktes Kind! Mit Sicherheit gehe ich nicht hin, es ist nicht wahr, dass euch Unsere Liebe Frau erscheint." Jacintas Vater ist hin- und hergerissen. Sollen sie die Kinder zur Cova da Iria begleiten? Oder sollen sie ohne die Kinder die Festa des heiligen Antonius feiern? Schließlich findet er einen Ausweg und sagt zu seiner Frau: „Wir werden weder ein Fest noch sonst etwas feiern, wir werden auf den Markt nach Pedreira gehen und Ochsen kaufen, und wenn wir zurückkommen, wird die ganze Angelegenheit mit den Kindern beendet sein, so oder so." So brechen Franciscos und Jacintas Eltern am 13. Juni in aller Frühe auf. Jacinta ist enttäuscht, dass ihre Mutter die schöne Señora nicht sehen wird, aber auch erleichtert: „Auf jeden Fall können wir jetzt gehen!"

Während Lucia, Francisco und Jacinta am frühen Morgen die Schafe auf die Weide führten, wurde Lucia von ihrem Bruder nach Hause gerufen. Verschiedene Leute wollten sie sprechen. Lucia macht sich auf den Weg und lässt die Schafe in der Obhut ihres Bruders. *Es waren einige Frauen und Männer, die aus Minde kamen, aus der Gegend von Tomar, Carrascos, Boleiros usw. und die mich zur Cova da Iria begleiten wollten. Ich sagte ihnen, es sei noch zu früh, und lud sie ein, mit mir zur Acht-Uhr-Messe zu gehen. Danach ging ich nach Hause. Diese guten Leute erwarteten mich in unserem Hof im Schatten unserer Feigenbäume (2. E).* Angesichts dieser „Fans" ist Lucias Mutter außer sich: *Bisher habe ich immer erreicht, sagte sie, dass meine Kinder die Wahrheit sagten. Und jetzt soll ich so etwas bei meiner Jüngsten durchgehen lassen? Wenn es wenigstens eine kleinere Sache wäre ..., aber eine solche Lüge, die so viele irregeführte Leute hierherlockt ... Koste es, was es wolle! Entweder du sagst diesen Leuten die Wahrheit und bekennst, dass du gelogen hast, oder ich schließe dich in ein Zimmer ein, wo du nicht einmal die Sonne sehen kannst! Das hat mir gerade noch gefehlt, dass zu so viel Kummer noch eine solche Sache hinzukommt! (2. E).*

Bevor Lucia Francisco und Jacinta vom Haus ihres Onkels abholt, geht sie zunächst aber noch auf die Festa, um einige Freundinnen zu treffen. Lucias Mutter weiß, dass ihre Tochter sehr für die Festa schwärmt, und hofft, dass sie über das prächtige Fest die Cova da Iria vergessen wird. Als Lucia sich auf den Weg nach Fatima macht, ist ihre Mutter erleichtert. Dennoch bittet sie eine ihrer Töchter, Lucia zu folgen, sollte sie sich doch noch auf den Weg zur Cova da Iria machen. In Fatima trifft Lucia Kinder, die mit ihr gemeinsam die Erstkommunion gefeiert hatten. Eine von ihnen, Leopoldina Reis, erinnert sich: „Wir waren etwa 14 Kinder, die mit Lucia zur ersten heiligen Kommunion gegangen waren. Wir trafen uns und beschlossen, mit ihr zur Cova da Iria zu gehen. Wie üblich, wenn Lucia einen Vorschlag machte, widersprach niemand. Unsere Gruppe wollte sich gerade auf den Weg machen, als Lucias Bruder erschien und sagte: ‚Gehe nicht zur Cova da Iria. Wenn du nicht hingehst, bekommst du Geld von mir!‘ Sie antwortete: ‚Ich brauche kein Geld. Ich möchte hingehen.‘ Wir gingen dann, mit dem Jungen auf den Fersen, der uns zurückhalten wollte. Aber wir gingen weiter.“ Die Nachricht von der Erscheinung Unserer Lieben Frau hatte sich über Fatima hinaus verbreitet und so treffen die Kinder auf dem Weg weitere Gruppen von Neugierigen, die herausfinden wollen, was dort tatsächlich geschieht. Eine Augenzeugin der ersten Stunde ist Maria dos Santos Carreira, die den frommen Spitznamen „Maria da Capela“ (Maria von der Kapelle) trägt. Sie wohnt zehn Gehminuten von der Cova da Iria entfernt und beschließt, gemeinsam mit ihrem 17-jährigen behinderten Sohn den Erscheinungsort aufzusuchen. Schließlich haben sich etwa 50 Schaulustige an der Steineiche eingefunden, als die drei Kinder mit ihren Gefährten eintreffen. Maria da Capela erinnert sich: „Dann kamen noch mehr Menschen und etwa um elf Uhr trafen auch die Kinder ein, denen Unsere Liebe Frau erschienen war. Sie kamen zusammen mit kleinen Freunden und Menschen von weit her, wie Torres Novas oder Outeiro. Wir gingen alle zu der Steineiche. Lucia blieb etwa drei Meter vor dem Baum stehen und schaute in östlicher Richtung. Es war alles ruhig und ich fragte sie: ‚Welches ist der

Baum, an dem Unsere Liebe Frau erschien?' ,Dieser hier', sagte sie und legte ihre Hand darauf. Er war etwa ein Meter hoch, ein hübscher, junger Baum, schön gewachsen mit regelmäßigen Ästen. Lucia entfernte sich ein Stückchen und schaute wieder in Richtung Fatima, um sich dann im Schatten eines Feigenbaums niederzulassen. Es war sehr ruhig und still. Lucia setzte sich in die Nähe des Stammes und Jacinta und Francisco nahmen rechts und links von ihr Platz." Die anderen Kinder vertreiben sich die Zeit mit Spielen. Maria da Capela berichtet: „Wir beteten in der Zwischenzeit den Rosenkranz, und als das Mädchen aus Boleiros die Litanei beginnen wollte, unterbrach Lucia sie und sagte, die Zeit würde nicht mehr ausreichen. Plötzlich sprang sie auf und rief aus: ,Jacinta, Unsere Liebe Frau wird kommen, das Licht ist wieder da!' Alle rannten zur Steineiche und wir hinterher. Wir knieten auf Felsen und Steinen nieder. Lucia erhob ihre Hände, als würde sie beten, und ich hörte sie sagen: ,Euer Ehren sagten, ich solle hierherkommen. Bitte sagen Sie mir, was Sie wünschen.' Dann hörten wir eine ganz leise Stimme, konnten aber nicht verstehen, was gesagt wurde. Es war mehr wie ein Raunen." Schwester Lucia beschreibt die zweite Erscheinung so: *Nachdem ich mit Jacinta und Francisco und noch einigen Anwesenden den Rosenkranz gebetet hatte, sahen wir von Neuem den Lichtschein, der sich näherte (den wir Blitz nannten), und dann*

Unsere Liebe Frau über der Steineiche, genau wie im Mai. – Was wünschen Sie von mir?, fragte ich. – Ich möchte, dass ihr alle Tage den Rosenkranz betet und lesen lernt. Später sage ich euch, was ich möchte. Ich bat um die Heilung eines Kranken. – Wenn er sich bekehrt, wird er innerhalb eines Jahres gesund werden. – Ich möchte Sie bitten, uns in den Himmel mitzunehmen. – Ja! Jacinta und Francisco werde ich bald holen. Du aber bleibst noch einige Zeit hier. Jesus möchte sich deiner bedienen, damit die Menschen mich erkennen und lieben. Er möchte auf Erden die Verehrung meines Unbefleckten Herzens begründen. Wer sie annimmt, dem verspreche ich das Heil und diese Seelen werden von Gott geliebt wie Blumen, die von mir hingestellt sind, um Seinen Thron zu schmücken. – Bleibe ich hier allein?, fragte ich traurig. – Nein, mein Kind! Leidest du sehr? Lass dich nicht entmutigen. Niemals werde ich dich verlassen, mein Unbeflecktes Herz wird deine Zuflucht sein und der Weg, der dich zu Gott führen wird. In dem Augenblick, als sie diese letzten Worte sagte, öffnete sie die Hände und übermittelte uns zum zweiten Male den Widerschein dieses unermesslichen Lichtes. Darin sahen wir uns wie in Gott versenkt. Jacinta und Francisco schienen in dem Teil des Lichtes zu stehen, der sich zum Himmel erhob, und ich in dem Teil, der sich über die Erde ergoss. Vor der rechten Handfläche Unserer Lieben Frau befand sich ein Herz, umgeben von Dornen, die es zu durchbohren schienen. Wir verstanden, dass dies das Unbefleckte Herz Mariä war, verletzt durch die Sünden der Menschheit, das Sühne wünscht (4. E). Maria da Capela erinnert sich: „Als Unsere Liebe Frau den Baum verließ, vernahm man ein entferntes Geräusch. Lucia sprang auf und rief mit ausgestrecktem Arm: ‚Seht, dort geht sie, dort geht sie!' Wir sahen nichts als eine kleine Wolke etwas oberhalb des Baumes, die sich langsam erhob und sich in östlicher Richtung bewegte, bis wir sie nicht mehr sehen konnten. Die Kinder standen schweigend, die Augen in jene Richtung gewandt, bis Lucia sagte: ‚Jetzt können wir sie nicht mehr sehen. Sie ist zurück in den Himmel gegangen, die Tore haben sich geschlossen!' Wir wandten uns wieder dem wunderbaren Baum zu und zu unserer größten Überraschung sahen wir, dass sich die Triebe an der Spitze, die vorher aufrecht standen, alle in östlicher Richtung geneigt hatten, so als hätte jemand darauf gestanden." Die Leute brechen Zweige von der Steineiche ab, Lucia bittet sie, nur die unteren zu nehmen, die Unsere Liebe Frau nicht berührte. Die Menschen sind bewegt und beten die Litanei und auf dem Weg zurück nach Fatima den Rosenkranz.

In den folgenden Tagen werden die drei Kinder immer wieder von allen möglichen Leuten neugierig befragt, aber sie sagen nur, dass die Señora sie bittet, alle Tage den Rosenkranz zu beten und dass sie jeden Monat bis Oktober wieder erscheinen werde. Von der Verheißung, Jacinta und Francisco bald in den Himmel zu holen, schweigen sie genauso wie von der Verehrung des Unbefleckten Herzens Mariens. Diese Verheißungen beschreibt Schwester Lucia erst 1941 im Auftrag des Bischofs von Leiria in einer Erinnerung.

Die Ereignisse an der Cova da Iria sind in Fatima das Gesprächsthema Nummer eins. Auch Pfarrer Ferreira fühlt sich nun verantwortlich und bittet die drei Kinder zu einem Gespräch. Lucias Mutter war erleichtert, dass ihr diese Autoritätsperson beistehen wollte. Sie sagte zu Lucia: *Morgen gehen wir in der Frühe zur Messe. Danach gehst du zum Haus des Pfarrers. Er soll dich zwingen, die Wahrheit zu bekennen, sei es, wie es sein mag. Er soll dich strafen. Er soll mit dir machen, was er will, nur dass er dich dazu bringt, zu bekennen, dass du gelogen hast, und dann erst werde ich zufrieden sein.* Lucias Geschwister sind der Meinung ihrer Mutter und erfinden *unzählige Drohungen, um mir vor dem Verhör beim Pfarrer Angst zu machen (2. E).* Zitternd vor Angst geht Lucia mit ihrer Mutter, die sie auf dem ganzen Weg keines Wortes würdigt, am nächsten Tag zum Pfarrhaus. Begleitet wird sie von Francisco und Jacinta. Deren Eltern hatten sie nicht zu diesem Gespräch gezwungen. Freiwillig begleiteten sie ihre Gefährtin, um ihr Mut zu machen. Lucia ist erstaunt darüber, dass der Pfarrer sein Verhör gründlich, aber mit großer Ruhe und Freundlichkeit durchführt. Schließlich kommt er aber zu dem Schluss: *Es scheint mir keine Offenbarung des Himmels zu sein. Wenn so etwas passiert, schickt der Herr gewöhnlich die Seelen, denen Er sich mitteilt, zu ihren Beichtvätern oder Pfarrern, um Rechenschaft abzulegen über alles, was geschieht. Diese hier zieht sich dagegen zurück, wo sie nur kann. Das kann auch eine Täuschung des Teufels sein. Wir wollen mal sehen; die Zukunft wird zeigen, was wir davon zu halten haben (2. E).* Man kann sich vorstellen, dass diese Worte dem zehnjährigen Mädchen große Qualen bereiten. Hat der Pfarrer nicht recht? Kommen die Erscheinungen vom Teufel? Bringt der Teufel nicht Unfrieden und Unordnung – und herrscht nicht genau das im Hause dos Santos? Im Laufe der Tage und Wochen verliert Lucia ihren Eifer für die kleinen Opfer und Abtötungen, die die Kinder auf das Geheiß der Señora täglich auf sich nehmen, und trägt sich sogar mit dem Gedanken, die ganze Sache als eigene Lüge auszugeben und damit zu beenden. Doch Jacinta und Francisco sprechen ihr Mut zu und unterstützen sie in dieser Krise. Nein, die Erscheinungen als Lüge auszugeben, wäre doch selber eine Lüge. Und außerdem, der Teufel ist hässlich und die Señora war schön, so schön! Und sie ist in den Himmel aufgefahren! Doch Lucia wird die dunkle Wolke des Zweifels und der Sorge nicht mehr los. Nachts hat sie Albträume, fühlt sich vom Teufel in die Hölle gezogen. Sie zieht sich zunehmend zurück und beschließt, nie mehr zur Cova da Iria zu gehen.

In dieser Zeit wird die Cova da Iria allmählich zur Wallfahrtsstätte. Maria da Capela sucht den Ort öfter auf, um zu beten. Auch andere Beter finden sich hin und wieder ein. Maria da Capela richtet rund um die Steineiche eine kleine Lichtung her, entfernt Unkraut und Steine und ist die erste Pilgerin, die dort zur Ehren Unserer Lieben Frau Blumen niederlegt.

13. Juli 1917 – 3. Erscheinung

Voller Begeisterung erwarten Francisco und Jacinta den 13. Juli. Schon am Nachmittag des Vortages treffen die ersten Schaulustigen ein, 2000 bis 3000 sollen es noch werden! Lucia teilt ihrem Cousin und ihrer Cousine mit, dass sie nicht kommen wird, und lässt sich auch durch Jacintas Tränen nicht beirren. Den Rest des Tages versteckt sie sich vor der neugierigen Menge, die viele Fragen hat. Doch dann geschieht etwas, das ihre Meinung ändert. *Als am folgenden Tag die Stunde heranrückte, wo ich wieder dorthingehen sollte, fühlte ich mich plötzlich von einer fremden Macht gedrängt, der ich nicht widerstehen konnte.* Und Lucia sucht Jacinta und Francisco, die zu Hause weinend vor ihren Betten knien. *Geht ihr denn nicht hin?, fragte ich sie. – Ohne dich haben wir nicht den Mut zu gehen! Komm, geh mit! – Ja, ich gehe!, sagte ich (2. E).* Und gemeinsam machen sich die Kinder auf den Weg und müssen sich durch die Menschenmasse kämpfen, die sie belagert, befragt und ihnen Anliegen für die Muttergottes mitgeben möchte.

Olimpia Marto macht sich unterdessen Sorgen. Die ganze Sache nimmt unheimliche Ausmaße an. Sie spricht mit Lucias Mutter: „Wir müssen ihnen nachgehen oder wir werden unsere Kinder nie mehr sehen. Alles Mögliche kann passieren, vielleicht bringt man sie sogar um!“ Nach einigem Hin und Her beschließen die beiden Mütter, den Kindern heimlich zu folgen. Sie werfen sich ihre Umhänge um, eilen zur Cova da Iria und verfolgen das Geschehen versteckt hinter einigen Felsen. Manuel Pedro Marto hingegen vertraute seinen Kindern und war überzeugt, dass sie keine Lügengeschichten erzählten. Er machte sich bereits am frühen Morgen auf, um die kommende Erscheinung zu beobachten, und muss sich durch die wartende Menge kämpfen: „Es herrschte solch ein Gedränge! Doch dann bauten zwei Männer, einer aus Ramila und der andere von hier, eine Barriere um die Kinder, um sie zu schützen. Als die Männer mich erblickten, zogen sie mich am Arm und riefen: ‚Hier ist der Vater, lasst ihn durch!‘ Und so konnte ich zu meiner Jacinta vordringen. Lucia kniete ein wenig entfernter auf der Erde. Sie betete den Rosenkranz vor und das Volk antwortete. Als er beendet war, sprang sie so schnell auf, als würde sie emporgerissen. Sie schaute gen Osten und rief: ‚Schließt eure Schirme – sie waren zum Schutz gegen die Sonne geöffnet –, Unsere Liebe Frau kommt!‘ Ich schaute angestrengt, konnte aber im Augenblick nichts sehen. Und dann sah ich etwas, das aussah wie eine kleine graue Wolke über der Steineiche. Die Hitze hatte nachgelassen und es wehte eine angenehme, erfrischende Brise – gar nicht hochsommerlich. Die Menschen waren so ruhig, dass man eine Stecknadel hätte fallen hören. Dann hörte ich ein kleines, summendes Geräusch. Ich konnte jedoch nichts verstehen. Was ist es?, fragte ich mich. Ist es nahe – oder ganz weit weg? All dies war für mich ein Beweis des Wunders.“ Lucia, Francisco und Jacinta sind von der Erscheinung der Muttergottes gebannt, ihre Herzen mit Freude und Glück erfüllt. Lucias Zweifel und Depressionen fallen von ihr ab, als die Muttergottes sie liebevoll und beruhigend anschaut. Lucia berichtet: *Kurz nachdem wir in der Cova da Iria bei der Steineiche angekommen waren und mit einer großen Volksmenge den Rosenkranz gebetet hatten, sahen wir den gewohnten Lichtschein und bald darauf Unsere Liebe Frau über der Steineiche. – Was wünschen Sie von mir?, fragte ich. – Ich möchte, dass ihr am Dreizehnten des kommenden Monats wieder hierherkommt, dass ihr weiterhin jeden Tag den Rosenkranz zu Ehren Unserer Lieben Frau vom Rosenkranz betet, um den Frieden für die Welt und das Ende des Krieges zu erlangen, denn nur sie allein kann es erreichen. – Ich möchte Sie bitten, uns zu sagen, wer Sie sind, und ein Wunder zu tun, damit alle glauben, dass Sie uns erscheinen. – Kommt weiterhin jeden Monat hierher! Im Oktober werde ich euch sagen, wer ich bin und was ich wünsche, und werde ein Wunder tun, damit alle glauben. Hier brachte ich einige Bitten vor, ich weiß nicht mehr genau welche. Ich erinnere mich bloß daran, dass Unsere Liebe Frau sagte, man müsse den Rosenkranz beten, um diese Gnaden im Laufe des Jahres zu erlangen. Dann fuhr sie fort: Opfert euch auf für die Sünder und sagt oft, besonders wenn ihr ein Opfer bringt: O Jesus, das tue ich aus Liebe zu Dir, für die Bekehrung der Sünder und zur Sühne für die Sünden gegen das Unbefleckte Herz Mariens.* An dieser Stelle offenbart die Gottesmutter das Geheimnis von Fatima. Als die Kinder die Vision der Hölle schauen, wird Lucia totenbleich und ruft entsetzt die Muttergottes um Hilfe an. Nachdem die Señora das Geheimnis offenbart hatte, sprach sie: *Wenn ihr den Rosenkranz betet, dann sagt nach jedem Gesetz: O mein Jesus, verzeihe uns unsere Sünden, bewahre uns vor dem Feuer der Hölle, führe alle Seelen in den Himmel, besonders jene, die Deiner Barmherzigkeit am meisten bedürfen. Darauf folgte ein Augenblick des Schweigens und ich fragte: Wünschen Sie sonst nichts mehr von mir? – Nein, heute will ich nichts mehr von dir. In gewohnter Weise erhob sie sich in Richtung Osten, bis sie in der unendlichen Ferne des Firmamentes verschwand (4. E).*

Neugierig drängen sich die Schaulustigen um die Kinder. Was hat die Muttergottes gesagt? Warum

haben die Kinder so heftig reagiert? Doch Lucia sagt nur: „Es ist ein Geheimnis. Für einige Menschen ist es gut, für andere schlecht." Mehr kann sie nicht sagen. Franciscos und Jacintas Vater macht dem Verhör ein Ende. Er drängt sich durch die Menge, ergreift seine kleine Tochter und trägt sie auf den Armen nach Hause. Auch die beiden anderen Kinder werden – begleitet von einem starken Erwachsenen – sicher nach Hause gebracht. Erleichtert beobachten die beiden Mütter aus der Entfernung, dass dieses Mal alles gut ausgegangen ist.

Die zwei- bis dreitausend Augenzeugen der dritten Erscheinung sorgen dafür, dass sich die Nachricht davon schnell verbreitet. Tag und Nacht kommen fromme und weniger fromme Neugierige, Beter, vornehme Herrschaften und einfache Menschen, um den Ort der Erscheinungen zu sehen, dort zu beten, die Kinder zu befragen oder ihnen Anliegen für die Gottesmuter anzuvertrauen. Der Vater von Francisco und Jacinta erinnert sich: „Es kamen Damen, Gott weiß woher, sehr gut gekleidet. Die Leute gingen ungeniert überall herum, sodass die Situation oft peinlich war. Uhh, was waren sie neugierig! Sie wollten das Geheimnis erfahren. Sie nahmen Jacinta auf die Knie und quälten sie mit Fragen. Sie antwortete jedoch das, was sie wollte. Das Geheimnis war auch nicht mit einem Korkenzieher aus ihr herauszubekommen! Man versuchte, ihr Geschenke anzubieten, und sie drangen in sie, aber sie verschwendeten nur ihre und unsere Zeit. Sie störten uns bei der Arbeit und sogar bei unseren Mahlzeiten. Es kamen auch feine Herren, aber nur, um sich lustig zu machen über uns einfache Leute, die nicht lesen und schreiben konnten. Aber manchmal waren wir es, die über sie lachten. Arme Kreaturen, sie hatten keine Religion, wie konnten sie an Unsere Liebe Frau glauben! Es war, als hätten die Kinder geahnt, wenn diese Sorte Menschen auftauchte. Schneller, als man schauen konnte, hatten sich die Kinder versteckt." Auch Geistliche finden den Weg nach Aljustrel und hören nicht auf, die Kinder zu interviewen. Manchmal fühlten sich die Kinder bedrängt und die Verhöre werden zur Qual. Lucias Familie ist in dieser Situation keine Hilfe – im Gegenteil: Die Zehnjährige ist Gegenstand des allgemeinen Spotts. Ihre Geschwister verlachen sie, die Mutter schimpft, straft und schlägt auch manches Mal. Erschwerend kommt hinzu, dass die Familie dos Santos die Ernte nicht mehr einbringen kann, da die Cova da Iria und die angrenzenden Äcker von den zahlreichen Schaulustigen zertrampelt werden. Die einst recht wohlhabende Familie verarmt allmählich – und Lucia wird dafür verantwortlich gemacht: *Meine Mutter klagte über diesen Verlust und sagte: Wenn du jetzt essen willst, geh hin und bitte diese Dame! Meine Schwestern fügten hinzu: Du sollst nun das essen, was jetzt noch in der Cova da Iria wächst! Diese Dinge taten mir so weh, dass ich nicht den Mut hatte, auch nur ein Stück Brot zu nehmen und zu essen (2. E).*

Dazu kommt, dass Lucia keine Schafe mehr hüten kann. Der Strom der neugierigen Besucher lässt nicht nach. *Eine meiner Schwestern tat fast nichts anderes als mich zu rufen und an meiner Stelle unsere Herde zu hüten, damit ich zu den Leuten gehen konnte, die mich sehen und sprechen wollten. Für eine reiche Familie wäre ein solcher Zeitverlust nichts gewesen, aber für uns, die wir von unserer Arbeit leben mussten, bedeutete es schon etwas. Meine Mutter sah sich daher nach einiger Zeit gezwungen, unsere Herde zu verkaufen, was kein geringer Verlust für den Lebensunterhalt der Familie war (2. E).*

Ganz anders sieht es im Hause Marto aus. Manuel Pedro, der seinen Kindern von Anfang an vertraute, versucht seine schützende Hand über Francisco und Jacinta zu halten, so gut er es vermag. Mittlerweile sind die Ereignisse von Fatima in ganz Portugal bekannt geworden. Die kirchenfeindliche liberale Presse berichtet tendenziös und die Tatsachen verfälschend. Der Klerus wird beschuldigt, die Geschichte von den Erscheinungen arrangiert und lanciert zu haben, um das einfache Volk zu verwirren, zu manipulieren und ihm in betrügerischer Absicht das Geld aus der Tasche zu ziehen. Es wurde behauptet, die Kinder litten an Epilepsie oder einer anderen psychischen Krankheit. Ein besonders ausgewiesener Kirchenfeind war der Kreisvorsteher der Provinz Vila

Nova de Ourem, zu der Fatima gehört, Artur Santos. Ursprünglich Kesselflicker, war er über den Journalismus in die Politik gekommen und bekleidet nun – unterstützt von einem Netzwerk von Freimaurern – als Präsident der Kreisverwaltung und Laienrichter von Comarca ein wichtiges Amt. Er ist entschlossen, alle religiösen Aktivitäten zu unterbinden und dem Wunderglauben Einhalt zu gebieten. Nun greift er ein und lädt die Seherkinder zum Verhör. Gehorsam macht sich der „Kürbis" mit seiner Tochter auf den Weg; Manuel Pedro Marto aber sieht nicht ein, warum seine Kinder den weiten Weg auf sich nehmen sollen, und kommt alleine. Lucia erinnert sich: *Der Kreisvorsteher fragte mich in der Kreisverwaltung aus, vor meinem Vater, meinem Onkel und verschiedenen anderen Herren, die ich nicht kannte. Der Kreisvorsteher wollte mich zwingen, ihm das Geheimnis zu offenbaren und ihm zu versprechen, nicht mehr zur Cova da Iria zurückzukehren. Zu diesem Zweck sparte er nicht mit Versprechungen und schließlich mit Drohungen. Als er merkte, dass er nichts erreicht hatte, verabschiedete er mich und sagte, er würde doch noch alles herausbekommen, auch wenn es mich das Leben kosten sollte. Er schimpfte dann meinen Onkel aus, weil er seinem Befehl nicht gehorcht hatte, und schließlich ließ man uns nach Hause gehen (2. E).* Als sie wieder nach Aljustrel kommt, findet sie Francisco und Jacinta weinend am Brunnen vor. Den beiden Kindern war im Vorfeld solche Angst gemacht worden, dass sie davon ausgegangen waren, Lucia sei umgebracht worden!

Der Kreisvorsteher aber gibt noch nicht auf. Am Tag der angekündigten Erscheinung, am 13. August, fährt er nach Aljustrel und sucht die Seherkinder auf. Zunächst erklärt er, er wolle die Kinder persönlich im Pferdewagen zur Cova da Iria bringen, um selbst – gleich dem ungläubigen Thomas – ein Zeuge der Erscheinung zu werden. Als die Kinder dieses Angebot ablehnen, verfügt er, dass zunächst ein weiteres Gespräch mit dem Ortspfarrer in Fatima stattfinden soll. Lucias Vater und Manuel Pedro Marto finden sich mit den drei Kindern im Pfarrhaus ein. Nach der Befragung durch den Pfarrer zwingt der Kreisvorsteher die Kinder in seinen Wagen und entführt sie in sein Haus. Dort werden sie eingeschlossen und bedroht: Sie dürften nicht eher wieder herauskommen, bis sie das Geheimnis verraten. Die Kinder aber bleiben gefasst. Es macht nichts aus, wenn sie uns jetzt töten – erklärt Jacinta –, wir werden ja geradewegs in den Himmel kommen! Im Gegensatz zu ihrem Mann hat Adelina Santos, die Frau des Kreisvorstehers, ein gutes Herz. Sie macht es den eingesperrten Kindern gemütlich, stellt ihnen Bücher und Spielsachen zur Verfügung, kocht eine leckere Mahlzeit und fordert die drei Kinder auf, mit ihren eigenen Kindern zu spielen.

Unterdessen hatten sich rund 18.000 Menschen an der Cova da Iria eingefunden. Unter ihnen ist

Maria da Capela: „Wenn im Juli schon viele Menschen hier waren, in diesem Monat waren es noch viel, viel mehr. Manche kamen zu Fuß und hingen ihre Bündel an die Bäume, andere kamen zu Pferd oder mit Mauleseln. Auch mit dem Fahrrad kamen viele. Die Straße war erfüllt von Verkehrslärm. Es dürfte gegen elf Uhr gewesen sein, als Maria dos Anjos ankam. Sie hatte einige Kerzen mitgebracht, um sie anzuzünden, wenn Unsere Liebe Frau erschiene. Rund um den Baum waren die Menschen versammelt. Sie beteten und sangen, aber die Kinder kamen nicht und man begann unruhig zu werden. Dann erschien jemand von Fatima und teilte uns mit, dass der Bürgermeister die Kinder entführt habe. Alle begannen auf einmal zu reden und ich weiß nicht, was passiert wäre, wenn wir den Donnerschlag nicht gehört hätten. Es war der gleiche wie beim letzten Mal. Einige meinten, ihn aus Richtung Straße, andere vom Baum her gehört zu haben. Mir schien er von sehr weit entfernt zu kommen. Die Menschen waren sehr erschrocken und jemand begann zu schreien, man würde uns töten. Alles drängte vom Baum zurück, aber natürlich wurde niemand getötet. Auf den Donnerschlag folgte der Blitzstrahl, dann sahen wir eine kleine Wolke, sehr zart, sehr weiß, die einige Augenblicke über dem Baum stehen blieb, sich dann erhob und verschwand. Als wir um uns blickten, hatten wir das gleiche, eigenartige Erlebnis, das wir schon einmal hatten und das sich in den folgenden Monaten wiederholen sollte. Unsere Gesichter reflektierten die Farben des Regenbogens, rosa, rot, blau … die Bäume schienen keine Blätter, sondern Blüten zu haben. Sie waren wie mit Blüten übersät. Jedes Blatt schien eine Blume zu sein. Die Erde leuchtete in allen Farben und ebenso unsere Kleider. Die Laternen an dem Bogen sahen aus wie pures Gold. Unsere Liebe Frau war gekommen, das stand fest, auch wenn sie die Kinder nicht vorgefunden hatte. Sobald die Zeichen verschwunden waren, machten sich alle Leute auf nach Fatima. Sie tobten gegen den Bürgermeister und den Pfarrer, gegen jeden, von dem sie annahmen, dass er irgendetwas mit der Entführung zu tun haben könnte.“ Der Zorn der Menschen ist so gewaltig, dass der Pfarrer von Fatima sich bemüßigt fühlt, in den örtlichen Lokalzeitungen einen Leserbrief veröffentlichen zu lassen, in dem er klarstellt, dass er als katholischer Priester nicht an dem Entführungsplan des Kreisvorstehers beteiligt gewesen sei.

Über Nacht müssen die Kinder im Haus des Kreisvorstehers bleiben und am nächsten Tag gehen die ausführlichen Befragungen weiter. Aber weder Bestechungen noch Drohungen vermögen den Willen der Kinder zu brechen! Sie bleiben eisern und verraten nicht das Geheimnis, das die Señora ihnen anvertraut hat. Nachdem die gutmütige Frau Adelina Santos für ein reichhaltiges

Mittagessen gesorgt hat, zieht ihr Mann andere Saiten auf. Die Kinder werden im öffentlichen Gefängnis eingesperrt. Dort, so erklärt der Kreisvorsteher, würden sie bleiben müssen, bis man einen großen Kessel mit siedendem Öl vorbereitet habe, in dem man sie bei lebendigem Leib stecken würde! Man kann sich vorstellen, welche Ängste die Kinder ausgestanden haben. Jacinta vermisst in dieser Situation vor allem ihre Eltern. *Als wir später gefangen genommen wurden, war es die Abwesenheit der Eltern, die Jacinta am schwersten bedrückte. Mit tränenüberströmtem Gesicht klagte sie: Weder deine noch meine Eltern kamen, um uns zu besuchen. Sie haben nichts mehr für uns übrig. – Weine nicht, sagte Francisco zu ihr, opfern wir es Jesus für die Sünder auf. Und Augen und Hände zum Himmel erhebend, sprach er das Aufopferungsgebet: O mein Jesus, es ist aus Liebe zu Dir und für die Bekehrung der Sünder. Jacinta fügte hinzu: Und auch für den Heiligen Vater und zur Wiedergutmachung der Sünden, die gegen das Unbefleckte Herz Mariens begangen werden (1. E).*

Jacinta liebte den Papst sehr und betete ständig für ihn. Einmal sieht sie ihn in einer Vision: *Eines Tages verbrachten wir die Stunde der Mittagsruhe am Brunnen meiner Eltern. Jacinta setzte sich auf die Steine des Brunnens. Francisco suchte mit mir wilden Honig in den Ginsterbüschen am dortigen Steilhang. Nach einiger Zeit rief Jacinta nach uns: Habt ihr den*

Heiligen Vater gesehen? – Nein! – Ich weiß nicht, wie es war, ich sah den Heiligen Vater. In einem sehr großen Haus kniete er vor einem Tisch, verbarg das Gesicht in den Händen und weinte. Draußen standen viele Leute und einige warfen Steine nach ihm, andere beschimpften ihn und riefen hässliche Worte. Armer Heiliger Vater, wir müssen sehr viel für ihn beten! (3. E).

Die anderen Gefangenen versuchen, sich um die Kinder zu kümmern und sie zu trösten. Sie raten ihnen, das Geheimnis doch zu verraten, um wieder freigelassen zu werden. Aber da sind sie bei den heldenhaften Kindern an die falsche Adresse geraten! Schließlich beginnen sie, gemeinsam zu singen und zu tanzen, sodass die Kinder etwas abgelenkt werden. Doch fällt ihnen schließlich ein, sich auf die Konfrontation mit dem Kreisvorsteher und dem großen Kessel mit siedenem Öl vorzubereiten. Sie beten gemeinsam mit den anderen Gefangenen den Rosenkranz. Nach zwei unerträglichen Stunden lässt der Kreisverwalter die Kinder holen. Der Kessel sei vorbereitet, verkündet er, und lässt als Erste Jacinta von einem Wächter aus dem Raum bringen. Francisco und Lucia sind sich sicher, dass sie nun alle sterben müssen! Dann wird Francisco aus dem Raum gezerrt und Lucia bleibt alleine zurück und empfiehlt ihre Seele der allerseligsten Jungfrau mit der Bitte, sie im bevorstehenden Todeskampf nicht zu verlassen. Doch als auch sie in den Raum mit dem vermeintlichen Kessel geführt wird, kann sie ihren Cousin und ihre Cousine wieder in die Arme schließen. Noch einmal droht der Kreisvorsteher mit dem Tod, doch auch diesmal hat sein brutales Vorgehen keinen Erfolg. Dann ist das unwürdige Theater zu Ende. Noch eine Nacht müssen die Kinder im Haus der Kreisverwalters verbringen, noch einmal unternimmt dieser am nächsten Morgen einen müden Versuch, die Kinder zu überreden. Schließlich streckt er die Waffen und bringt die drei Kinder zum Pfarrer von Fatima zurück. Dort werden sie schließlich von Manuel Pedro Marto gefunden und nach Hause zurückgebracht.

Ein unerwartetes Problem stellt das Geld dar, das die zahlreichen Pilger an der Cova da Iria ablegen. Was soll damit geschehen? Niemand will es haben und so kommt Franciscos und Jacintas Vater auf die Idee, dass Lucia bei der nächsten Erscheinung die Muttergottes in dieser Frage um Rat bitten soll.

19. August 1917 – 4. Erscheinung

Am 19. August, einem Sonntag, gehen die drei Seherkinder nach dem Gottesdienst zur Cova da Iria, um gemeinsam den Rosenkranz zu beten. Später am Nachmittag geht Lucia ihrer Aufgabe als Schafhirtin nach. *Als ich mit Francisco und seinem Bruder Johannes die Schafe an einen Ort trieb, der Valinhos heißt, und etwas Übernatürliches verspürte, das sich näherte und uns umhüllte, ahnte ich, dass Unsere Liebe Frau uns erscheinen würde, und es tat mir leid, dass Jacinta nicht da war. Ich bat daher ihren Bruder Johannes, sie zu holen. Da er nicht gehen wollte, bot ich ihm dafür 20 Pfennig an; da lief er schon. Inzwischen sah ich mit Francisco den Lichtschein, den wir Blitz nannten. Nach Jacintas Ankunft erblickten wir kurz darauf Unsere Liebe Frau über einer Steineiche. – Was wünschen sie von mir? – Ich will, dass ihr am Dreizehnten zur Cova da Iria kommt und dass ihr weiterhin täglich den Rosenkranz betet. Im letzten Monat werde ich ein Wunder wirken, damit alle glauben. – Was sollen wir mit dem Geld machen, das die Leute in der Cova da Iria lassen? – Man soll zwei Traggestelle anfertigen lassen. Du wirst mit Jacinta und zwei weißgekleideten Mädchen das eine tragen, Francisco mit drei Jungen das andere. Das Geld auf den Gestellen ist für das Fest Unserer Lieben Frau vom Rosenkranz bestimmt, der Rest für die Kapelle, die man errichten wird. – Ich bitte Sie, einige Kranke zu heilen. – Ja, ich werde im Laufe des Jahres einige gesund machen. – Betet, betet viel und bringt Opfer für die Sünder, denn viele Seelen kommen in die Hölle, weil sich niemand für sie opfert und für sie betet. Und wieder erhob sie sich wie gewöhnlich in Richtung Osten (4. E).*

Als die Vision vorbei ist, brechen die Kinder den Zweig ab, der den Mantel der Muttergottes berührt hatte. Maria dos Anjos, Lucias Schwester, erinnert sich an diesen Tag: „Jacinta stürzte aufgeregt auf meine Mutter zu und sagte: ‚Tante, wir sahen Unsere Liebe Frau wieder … in Valinhos!' – ‚Jacinta, wann werden diese Lügen aufhören! Nun seht ihr Unsere Liebe Frau schon überall, wo ihr auch hingeht!' – ‚Aber wir sahen sie!' Und den Zweig zeigend: ‚Schau, Tante, Unsere Liebe Frau stand auf diesem Zweig.' – ‚Laß mich sehen, laß mich sehen', sagte Mutter. Als Jacinta ihr den Zweig gab, roch sie daran und meinte: ‚Was ist das für ein Geruch? Es ist kein würziger Duft, auch nicht der Duft von Rosen … nichts, gar nichts, was ich kenne. Aber es ist ein feiner Duft!' Wir wollten alle daran riechen und fanden den Duft sehr angenehm … Ich glaube, von diesem Zeitpunkt an änderte sich die Einstellung von Vater und Mutter Lucia gegenüber. Sie verteidigten sie sogar, wenn wir anderen sie neckten. Wir sollten sie in Frieden lassen, sagten sie, denn was sie sage, könne letzten Endes doch wahr sein."

In den folgenden Tagen und Wochen entwickeln die drei Hirtenkinder – von außen ganz unbemerkt – ein wahres Büßerleben. Sie beten sehr viel, manchmal liegen sie stundenlang auf dem Boden ausgestreckt und beten das Gebet des Engels. Wenn das Liegen zu mühsam ist, setzen sie sich und beten den Rosenkranz. Durch Opfer und Anstrengungen aller Art wollen sie dem Wunsch des Himmels nachkommen, Sühne leisten und für die Bekehrung der Sünder beten. *Jacinta schien unersättlich im Opferbringen zu sein. Eines Tages bot ein Nachbar meiner Mutter eine Weide für unsere Schafe an. Aber sie war ziemlich weit weg und es war Hochsommer. Ein kleiner Weiler, nördlich von der Erscheinungsmulde. Meine Mutter nahm das Angebot an, das mit so viel Großzügigkeit gemacht wurde, und schickte mich dorthin. Da es in der Nähe einen Teich gab, wo die Herde trinken konnte, meinte sie, es wäre besser, wenn wir dort unsere Mittagspause im Schatten der Bäume verbrächten. Auf dem Weg trafen wir unsere geliebten Armen und Jacinta lief, um ihnen das Almosen zu geben. Der Tag war schön, aber die Sonne brannte und es schien, als ob sie in jener dürren und trocknen Gegend alles versengen wollte. Der Durst wurde spürbar und es gab nicht einen Tropfen Wasser. Anfangs boten wir das Opfer mit Großmut für die Bekehrung der Sünder an, aber schon bald am Nachmittag hielten wir es nicht mehr aus. Ich schlug dann meinen Kameraden vor, zu einem nahen Ort zu gehen und um ein bisschen Wasser zu bitten. Sie nahmen meinen Vorschlag an und so ging ich hin und klopfte an die Tür einer alten Frau, die mir mit dem Wasser ein bisschen Brot gab, das ich in Dankbarkeit annahm; und ich lief, um es mit meinen Kameraden zu teilen. Daraufhin gab ich Francisco das Wasser und sagte ihm, er solle trinken. – Ich möchte nicht, antwortete er. – Warum nicht? – Ich möchte leiden für die Bekehrung der Sünder. – Trink du, Jacinta! – Ich möchte auch das Opfer für die Bekehrung der Sünder anbieten. So goss ich das Wasser in die Aushöhlung eines Steines, damit es die Schafe trinken konnten, und brachte den Krug seiner Besitzerin zurück. Die Hitze wurde immer größer. Die Zikaden und Grillen vereinigten ihren Gesang mit dem der Frösche des nahegelegenen Teiches und machten einen unerträglichen Lärm. Jacinta, entkräftigt durch die Schwäche und den Durst, sagte mit jener Einfachheit, die ihr eigen war: Sag den Grillen und Fröschen, sie sollen ruhig sein. Mir tut mein Kopf so weh! Daraufhin fragte Francisco: Möchtest du dies nicht für die Sünder leiden? Das arme Kind legte den Kopf in die Händchen und antwortete: Ja, ich will, lass sie singen (1. E).* Einmal spielen sie an einem Brunnen, der in der Nähe eines Weinbergs liegt, der Jacintas Mutter gehörte. Sie bringt den Kindern einige von den Trauben. *Aber Jacinta vergaß niemals ihre Sünder: Wir essen sie nicht, sagte sie, und bieten dieses Opfer für die Sünder an. Danach lief sie, die Trauben den anderen Kindern zu bringen, die auf der Straße spielten. Bei der Rückkehr strahlte sie vor Freude (1. E).*

Die Kinder finden einen dicken Strick. Als sie ihn sich spielerisch um den Arm winden, entdecken sie, dass eine feste Schnürung schmerzhaft sein kann. Sie binden sich den Strick unter ihren Kleidern fest um die Taille. Die Schmerzen sollen ein weiteres Opfer sein, ein Zeichen ihrer Liebe zum Herrn und der Señora.

Immer noch finden viele Besucher den Weg nach Aljustrel. Viele sind gekommen, um zu spotten und sich lustig zu machen. Andere wollen ihre Neugierde befriedigen. Aber viele sehen die Kinder jetzt mit anderen Augen. Sie waren am 13. August in der Cova da Iria und haben den Donnerschlag gehört, den Blitz, die weiße Wolke und das Licht- und Blütenphänomen gesehen. Auch macht die Standhaftigkeit der Kinder, die von dem Kreisverwalter so malträtiert worden waren, einen großen Eindruck.

13. September 1917 – 5. Erscheinung

Am 13. September sind bei Tagesanbruch die Straßen rings um Fatima blockiert, wahre Menschenmassen haben sich auf den Weg gemacht, man schätzt, es waren 25.000 Pilger und Neugierige. Ein Augenzeuge berichtet: „Es war eine Wallfahrt im wahrsten Sinne des Wortes, ein zutiefst bewegendes Bild. In meinem ganzen Leben habe ich noch nie eine solch große Demonstration des Glaubens erlebt. Am Erscheinungsort nahmen alle Männer die Kopfbedeckung ab und fast alle knieten nieder und beteten mit offensichtlicher Andacht den Rosenkranz." Auch Priester und einige Seminaristen, die am Ferienende auf dem Weg zurück ins Seminar sind, wollen Zeugen der Erscheinung der Muttergottes werden. *Als die erwartete Stunde sich näherte, ging ich mit Jacinta und Francisco zwischen zahlreichen Personen hindurch, die uns kaum vorbeiließen. Die Wege waren voll von Leuten. Alle wollten uns sehen und mit uns sprechen. Es gab dort keine Menschenfurcht. Zahlreiche Leute, sogar vornehme Damen und Herren, drängten sich durch die Menge hindurch, die uns umgab. Sie warfen sich vor uns auf die Knie und baten uns, Unserer Lieben Frau ihre Anliegen vorzutragen. Andere, die nicht bis zu uns gelangen konnten, riefen von Weitem: Um der Liebe Gottes willen bittet Unsere Liebe Frau, sie möge meinen verkrüppelten Sohn heilen. Ein anderer rief: Sie möge mein blindes Kind heilen. Wieder ein anderer: Und das meine, das taub ist; Sie möge meinen Mann und meinen Sohn aus dem Krieg heimbringen; Sie möge einen Sünder bekehren; Sie möge mich von der Tuberkulose heilen usw. Dort zeigte sich all das Elend der armen Menschheit und einige riefen von den Bäumen und Mauern herab, auf die sie gestiegen waren, um uns vorbeigehen zu sehen. Während wir es einigen versprachen und anderen die Hände reichten, um ihnen vom Boden aufzuhelfen, gingen wir mit Hilfe einiger Männer weiter, die uns einen Durchgang durch die Menge bahnten ... Wir kamen schließlich in der Cova da Iria bei der Steineiche an und begannen mit dem Volk den Rosenkranz zu beten. Kurz darauf sahen wir den Lichtschein und danach Unsere Liebe Frau über der Steineiche. – Betet weiterhin den Rosenkranz, um das Ende des Krieges zu erlangen. Im Oktober wird auch Unser Herr kommen, Unsere Liebe Frau von den Schmerzen und vom Karmel, der heilige Josef mit dem Jesuskind, um die Welt zu segnen. Gott ist mit euren Opfern zufrieden, aber Er will nicht, dass ihr mit dem Strick schlaft. Tragt ihn nur tagsüber. – Man hat mich gebeten, vieles von ihnen zu erflehen: die Heilung einiger Kranker und die eines Taubstummen. – Ja, einige werde ich heilen, andere nicht. Im Oktober werde ich ein Wunder wirken, damit alle glauben. Und sie begann sich zu erheben und verschwand wie gewöhnlich (4. E).*

Einer der anwesenden Priester, Msgr. João Quaresma, Generalvikar der Diözese von Leiria, der später Mitglied des kirchlichen Untersuchungsausschusses war, bemerkte ein erstaunliches Phänomen: „Mit großem Erstaunen sah ich klar und deutlich eine leuchtende Kugel von Osten nach Westen langsam und majestätisch durch das All gleiten. Auch mein Freund hatte das Glück, diese unerwartete und wunderschöne Erscheinung zu sehen. Plötzlich verschwand diese Kugel mit dem außergewöhnlichen Licht." Wir kennen die Berichte von tausenden Augenzeugen, die ähnliche Phänomene erlebt haben: die plötzliche Abkühlung der Luft; das Verblassen der Sonne, bis man die Sterne sehen konnte, und einen Blütenregen, der verschwand, bevor er die Erde berührte.

Ein anderer Priester, Dr. Manuel Formigão, Kanonikus am Erzbischöflichen Stuhl von Lissabon und Professor am Seminar und Lyzeum in Lissabon, konnte solche Phänomene nicht bemerken. Er stand den Ereignissen von Fatima eher distanziert gegenüber, wollte aber mehr erfahren. So kehrte er am 27. September nach Fatima zurück, um die Kinder zu befragen. Ausführlich interviewt er die drei Kinder und fragt nach Einzelheiten und Details, um ihre Angaben zu vergleichen. Er gewinnt den Eindruck, dass die Kinder absolut ehrlich antworten. Vor dem 13. Oktober reist er noch einmal nach Fatima, um Leute zu befragen, die die Familien dos Santos und Marto kennen, und spricht auch mit den Eltern der Kinder. Auch diese Verhöre führen zu keinem anderen Ergebnis. Lucia ist von diesem freundlichen Priester sehr beeindruckt: *Eines Tages sprach er zu mir: Kind, du musst den Heiland sehr lieb haben, weil Er dir so viele Gnaden und Wohltaten erweist. Dieser Satz hat sich so tief in meine Seele eingeprägt, dass ich mir seitdem angewöhnt habe, fortwährend Unserem Herrn zu sagen: Mein Gott! Ich liebe Dich zum Dank für die Gnaden, die Du mir geschenkt hast. Ich teilte Jacinta und ihrem Brüderchen dieses Stoßgebet mit, das mir so lieb war. Jacinta nahm es sich so zu Herzen, dass sie mitten im unterhaltsamsten Spiel fragte: Habt ihr vergessen, Unserem Herrn zu sagen, dass ihr ihn liebt, um der Gnaden willen, die Er euch erwiesen hat? (2. E).*

13. Oktober 1917 – 6. Erscheinung

Je näher der 13. Oktober heranrückte, umso größer wurde die Spannung. Die Stimmung war angespannt. In ganz Portugal berichten die Medien von dem Wunder, das die Muttergottes für diesen Tag angekündigt hat. Kirchenfeindliche Kräfte nutzen die Gelegenheit, die Religion zu verspotten und sich über den Glauben lustig zu machen. Eine Schwester Lucias, Maria dos Anjos, erinnert sich: „Meine Familie war sehr in Sorge. Als der 13. Oktober näher kam, hörten wir nicht auf, Lucia zu bedrängen, die ganze Sache nicht weiter aufrechtzuerhalten, denn Unglück würde über sie und uns kommen. Alle würden wir zu leiden haben, der Dinge wegen, die sie erfunden hatte. Mein Vater beschimpfte sie heftig. Wenn er getrunken hatte, war er besonders schlimm, aber er schlug sie nie im Gegensatz zu meiner Mutter. Es gingen Gerüchte um, es würden Bomben geworfen, Gerüchte, um uns und den Kindern Angst einzujagen. Einige Leute erklärten, wenn es ihre Kinder wären, würden sie sie einsperren, bis sie zur Besinnung kämen. Wir hatten alle große Angst. Hinter dem Rücken von Lucia fragten wir uns oft, was wohl aus uns werden würde! Die Nachbarn behaupteten, die Bomben zerstörten unsere Häuser und unser Eigentum. Jemand kam zu meiner Mutter und riet ihr, Lucia sofort an einen unbekannten Ort zu bringen. Jeder gab andere Ratschläge, bis wir überhaupt nicht mehr wussten, was tun. Meine Mutter rief aus: ‚Wenn es wirklich Unsere Liebe Frau ist, die erscheint, hätte sie längst ein Wunder gewirkt, sie hätte eine Quelle entspringen lassen oder Ähnliches. Selbst wenn es regnet, ist dort nur ein winziger Tropfen Wasser, sonst nichts … Wo wird das noch alles enden?'"

Im allgemeinen Chaos bleiben die drei Kinder völlig ungerührt, sie haben keine Angst, sondern vollkommenes Vertrauen. Die Señora hat ein Wunder angekündigt, also wird auch eines geschehen! Verschiedene Zeitungen senden Reporter, die die Atmosphäre dieses Tages beschreiben: „Die Weiler, Dörfer und Städte der Umgebung schienen entvölkert. Tagelang vorher konnte man Gruppen auf dem Weg nach Fatima sehen. Die Fischer von Vieira verließen ihre Netze und Holzhäuser am Meer und marschierten durch die Pinienwälder in Richtung Fatima. Handwerker von Marinha, Bauern von Monte Real, Menschen aus der Serra und von entfernteren Gegenden strömten herbei. Überall, wo sich die Nachricht von dem Wunder verbreitet hatte, verließen die Menschen ihre Häuser und Felder und kamen nach Fatima. Sie kamen zu Pferde, in Wagen, zu Fuß, mit jedlichem Transportmittel. Die Straßen durch die Wälder und Berge hallten in jenen zwei Tagen vom Verkehrslärm und den Stimmen der Pilger … Ein kalter Nordwestwind kündigte den kommenden Winter an und die ganze Nacht bis zum Morgen fiel ein unangenehmer Nieselregen. Die feuchte Kälte durchdrang die Kleider der Menschen, die in Scharen mit ihren Tieren auf dem Weg nach Fatima waren. Es regnete, regnete ohne Unterlass. Die Baumwollröcke der Frauen tropften und hingen wie Blei um ihre Knöchel. Wasser rann von neuen Mützen und Hüten, die zu Ehren dieses Tages gekauft worden waren. Stiefel und bloße Füße stapften durch den Schlamm … und oben auf dem Berg glaubte man einen riesigen dunklen Fleck zu sehen – Tausende und Abertausende von Gottes Geschöpfen, die alle auf ein Wunder warteten, auf Segen und Linderung ihrer Nöte“ (Artikel aus der Zeitung O Dia vom 19.10.1917).

Geschätzte 40.000 bis 100.000 Pilger, Neugierige und Schaulustige wollen Zeugen des Wunders werden. *Wir verließen schon ziemlich früh das Haus, da wir mit Verzögerungen auf dem Weg rechneten. Das Volk kam in Massen. Es regnete in Strömen. Meine Mutter, die fürchtete, dies werde der letzte Tag meines Lebens sein, und der die Ungewissheit über das Kommende das Herz zerriss, wollte mich begleiten. Auf dem Weg die Szenen des vergangenen Monats, aber noch zahlreicher und bewegender. Nicht einmal der Schlamm auf den Wegen konnte diese Leute aufhalten, sich in demütiger und bittender Haltung niederzuknien. Wir kamen in der Cova da Iria bei der Steineiche an und unter einer inneren Eingebung bat ich das Volk, die Regenschirme zu schließen, um den Rosenkranz zu beten. Kurz darauf sahen wir den Lichtschein und dann Unsere Liebe Frau über der Steineiche. – Was wünschen Sie von mir? – Ich möchte dir sagen, dass hier eine Kapelle zu meiner Ehre gebaut werden soll. Ich bin Unsere Liebe Frau*

vom Rosenkranz. Man soll weiterhin täglich den Rosenkranz beten. Der Krieg geht zu Ende und die Soldaten werden in Kürze nach Hause zurückkehren. – Ich wollte Sie um vieles bitten: ob Sie einige Kranke heilen und einige Sünder bekehren möchten, und vieles mehr. – Einige ja, andere nicht. Sie müssen sich bessern und um Vergebung ihrer Sünden bitten. Und noch trauriger sagte sie: Man soll Gott unsern Herrn, nicht mehr beleidigen, der schon so sehr beleidigt worden ist. Sie öffnete die Hände und ließ sie im Sonnenschein erstrahlen. Während sie sich erhob, strahlte ihr eigenes Licht in der Sonne wider … Nachdem Unsere Liebe Frau in der unendlichen Ferne des Firmaments verschwunden war, sahen wir dann neben der Sonne den heiligen Josef mit dem Jesuskind und Unsere Liebe Frau in Weiß gekleidet mit einem blauen Mantel. Der heilige Josef mit dem Jesuskind schien die Welt mit einer Handbewegung in Kreuzesform zu segnen. Kurz darauf verschwand diese Erscheinung. Dann sahen wir Unseren Herrn und Unsere Liebe Frau. Ich hatte den Eindruck, es sei Unsere Liebe Frau von den Schmerzen. Unser Herr schien die Welt in der gleichen Weise zu segnen wie der heilige Josef. Diese Erscheinung verschwand und ich meine wohl, dass ich auch noch Unsere Liebe Frau vom Karmel gesehen habe (4. E).

Während die Kinder diese wunderbare Vision haben, ereignet sich das Sonnenwunder von Fatima. Manuel Pedro Marto beschreibt es so: „Wir konnten ohne geblendet zu werden, in die Sonne schauen. Sie schien auf und ab zu flackern, sie schoss Strahlen in verschiedene Richtungen und tauchte alles in verschiedene Farben … die Bäume, die Menschen, die Luft und die Erde. Was das Erstaunlichste war, die Sonne tat den Augen nicht weh. Stille ruhte über der ganzen Szene. Alle schauten in die Höhe. Mit einem Male schien die Sonne still zu stehen, dann begann sie zu tanzen, dass es schien, als löse sie sich vom Himmel und stürze auf uns. Es war ein schrecklicher Augenblick.“ Die erste Pilgerin von Fatima, Maria da Capela, erinnert sich: „Die Sonne tauchte alles in verschiedene Farben: gelb, blau, weiß … sie schien zu zittern und zu beben, sie wurde zu einem

Feuerrad, das drohte, auf die Menge zu stürzen. Die Menschen schrien: ‚Wir werden alle getötet werden!' Andere riefen Unsere Liebe Frau um Hilfe an und erweckten Akte der Reue. Eine Frau begann laut, ihre Sünden zu bekennen. Endlich hielt die Sonne in ihrer Bewegung inne. Wir alle atmeten erleichtert auf, wir lebten noch. Das Wunder, das die Kinder angekündigt hatten, war geschehen.“ Ein weiterer prominenter Augenzeuge ist Dr. Almeida Garret, ein Professor aus Coimbra. Er erlebt Folgendes: „Es dürfte zwei Uhr Ortszeit – zwölf Uhr Sonnenzeit – gewesen sein. Wenige Augenblicke vorher hatte die Sonne die dichte Wolkendecke, hinter der sie sich bisher verborgen hatte, durchbrochen und schien klar und intensiv. Ich folgte mit meinen Blicken allen jenen Augenpaaren und sah die Sonne als Scheibe, klar umrissen, strahlend, leuchtend, ohne dem Auge wehzutun. Ich stimme mit dem Vergleich, den ich in Fatima hörte, wonach die Sonne wie eine matte Scheibe aus Silber aussah, nicht überein. Die Farbe war klarer, intensiver, leuchtender, sie hatte etwas vom Glanz einer Perle. Sie glich auch durchaus nicht dem Mond in einer klaren Nacht. Man spürte, dass sie ein lebendiger Körper war. Sie war weder sphärisch wie der Mond noch hatte sie die gleiche Farbe, den gleichen Ton oder die gleiche Schattierung. Sie sah aus wie ein glänzendes Rad aus Perlmutter … Bezeichnungen wie opak, diffus oder verschleiert treffen auch nicht zu. Sie spendete Fatima Licht und Hitze und erschien in klaren Konturen mit deutlich sichtbarem Rand. Der Himmel war übersät von hellen Zirruswölkchen, die hie und da die Himmelsbläue freigaben, und manchmal stand die Sonne ganz auf blauem Hintergrund. Die Wolken zogen von West nach Ost, aber sie verdunkelten das Licht der Sonne nicht. Man gewann den Eindruck, als wanderten sie hinter der Sonne vorbei, obgleich sie sich manchmal rosa getönt oder durchsichtig blau zeigten, als sie an der Sonne vorbeizogen. Es ist bemerkenswert, dass man seine Augen auf diesen Glutofen und sein Licht richten konnte, ohne Schmerz zu empfinden, mit Ausnahme von zwei Unterbrechungen, als die

Sonne leuchtende Hitzestrahlen aussandte, die uns zwangen, den Blick abzuwenden. Das Phänomen dauerte zirka zehn Minuten. Die Sonnenscheibe blieb aber nicht ruhig am Himmel stehen, sie sandte nicht das Licht eines Himmelskörpers aus, sondern drehte sich in irrem Wirbel um sich selbst. Plötzlich ertönten Angstschreie aus der Menge. Die Sonne schien sich, wild drehend, vom Firmament zu lösen und auf die Erde zu stürzen, als wollte sie uns mit ihrer gigantischen Glut vernichten. Das Gefühl während dieser Augenblicke war entsetzlich ... Dieses von mir hier beschriebene Phänomen habe ich in gesunder geistiger Verfassung und ohne emotionale Störungen erlebt. Ich überlasse es anderen, dies alles zu erklären."

Alle Anwesenden können die tanzende Sonne sehen, das Wunder wurde auch von Menschen beobachtet, die bis zu 150 Kilometer von der Cova da Iria entfernt waren.

Günther Stolze beschreibt nach jahrelanger Erforschung dieses Phänomens und nach Sichtung unzähliger Zeugenaussagen das Sonnenwunder so: „Nun warteten … 70.000 Leute vier Stunden lang, durch den Regen bis auf die Haut durchnässt, frierend und in Pfützen stehend, die bis zu 10 cm tief waren. Für 12 Uhr war das Wunder angesagt. Blick auf die Uhr: Es ist genau 12 Uhr (Solar-Zeit). Die düsteren Kumuluswolken werden auseinandergerissen. Man meint, darüber den blauen Himmel zu sehen, das ist aber eine Täuschung. Statt der planetarischen Sonne sieht man auf eine *Scheibe*, die von manchen Beobachtern als golden, von anderen als silbern, wieder von anderen als lachsrot oder changierend gesehen wird. Das Verblüffende allerdings ist nicht die Scheibe, sondern ein schnell wachsender kreisrunder Lichtteppich von etwa 30 Winkelgrad Durchmesser, der in großer Helligkeit die Menschenmenge beleuchtet, ohne ihre Augen zu blenden, und die Beobachter in ein diffuses Licht hüllt, das unklare Halbschatten, nirgends aber Schlagschatten wirft. In diesem himmlischen Lichtmeer beginnt die Scheibe zu rotieren, steigert ihren

Drehimpuls, wirft farbige Lichtbündel aus und verzaubert manchen Beobachter … Das dauert etwa zwei Minuten. Nach einer Pause von vielleicht einer Minute beginnt ein neuer Akt, in dem eine spielende Bewegung der sich verfärbenden Scheibe das ganze Stück noch lebendiger erscheinen lässt. Der Standort der Gold- bzw. Silberscheibe unter dem sehr hellen, weit gespannten Leuchtfeld des Himmels wechselt. Die Scheibe hüpft oder springt im Dreieck … Die Scheibe beruhigt sich. Eine etwa 60 Sekunden dauernde Pause eröffnet den dritten Akt des Spiels irdischer Elemente. Die Scheibe nähert sich der Erde in einer wachsenden Vergrößerung, um sich rechtzeitig in Zickzackbewegungen tänzelnd zurückzuziehen in Richtung auf die wirkliche, also planetarische Sonne, die unsere Goldscheibe in sich aufnimmt und die erst jetzt durch die hohe gleichmäßige Wolkendecke bricht, begleitet von einer Hitzewelle am Schluss, welche durchnässte Kleidungsstücke trocknet und das Wasser der vielen tausend Pfützen und Tümpel verdampfen lässt. Die Hitzewelle wird von den einen als sehr angenehm empfunden und von anderen gar nicht bemerkt." Die Einzigartigkeit dieses Sonnenwunders wird durch die Tatsache unterstützt, dass es auf die Minute genau 92 Tage vorher angekündigt wurde. Das schließt eine Erklärung durch ein Naturereignis wie einen Sandsturm aus (außerdem wurde kein Sand gefunden). Die Möglichkeit einer Massensuggestion kann durch die Tatsache ausgeschlossen werden, dass die drei Kinder etwas vollkommen anderes sehen als die Menschenmenge.

Nach diesen wunderbaren Ereignissen ist die Menschenmenge kaum zu bändigen. Alle wollen die drei Kinder sehen, berühren, mit ihnen sprechen. Nur mit Mühe können sich Lucia und Francisco durch die brodelnde Menge kämpfen, die völlig erschöpfte Jacinta wird von einem Mann durch die Menge zu ihren Eltern getragen. Lucia erinnert sich später noch gut daran, dass ihre Mutter sehr verärgert war, weil sie ohne ihre langen Zöpfe heimkam – nicht nur das Kopftuch hatte man ihr als

Berührungsreliquie entrissen, sogar die Haare hatten ihr begeisterte Gläubige in dem Gedränge abgeschnitten! Hunderte von Neugierigen belästigen die Kinder an diesem und den folgenden Tagen, immer wieder müssen sie Fragen beantworten. Auch Dr. Manuel Formigão ist wieder zugegen, um die Kinder ausführlich zu interviewen.

Nun beginnt ein langer kirchlicher Untersuchungsprozess, der die Echtheit der Erscheinungen prüft und erst 1930 abgeschlossen sein wird. Unabhängig davon haben die Besuche der Muttergottes an der Cova da Iria und das Sonnenwunder eine Wende im Schicksal Portugals eingeleitet. Die kirchenfeindliche Regierung kann nicht verhindern, dass immer mehr Menschen sich auf den Pilgerweg nach Fatima machen – es ensteht eine ungeheure Erneuerungsbewegung, eine Belebung des Glaubens und der Frömmigkeit, der die antiklerikalen Mächte nichts entgegensetzen können. Auf dem Wallfahrtsjubiläum bekennt Kardinal Cerejeira am 13. Mai 1942: „Um das Geschehen in Worte zu fassen, das sich in den letzten 25 Jahren in Portugal abgespielt hat, kennt unsere Sprache nur einen Ausdruck: Es ist ein Wunder! Ja, wir sind der festen Überzeugung, dass wir die wunderbare Umwandlung Portugals dem Schutz der allerseligsten Jungfrau verdanken."

Das Schicksal der Hirtenkinder

Francisco und Jacinta

Nur anderthalb Jahre nach der letzten Erscheinung der Señora soll sich das Schicksal der Hirtenkinder Francisco und Jacinta erfüllen. Schwester Lucia erinnert sich an ein Gespräch mit Jacinta: *Eines Tages ließ sie mich rufen, ich solle schnell zu ihr kommen. Ich lief hin. – Unsere Liebe Frau kam uns besuchen und sagte, dass sie Francisco sehr bald in den Himmel holen werde; und mich fragte sie, ob ich noch mehr Sünder bekehren möchte. Ich sagte Ja. Sie kündigte mir an, ich würde in ein Krankenhaus kommen und dort viel leiden. Ich würde für die Bekehrung der Sünder, als Sühne für die Sünden gegen das Unbefleckte Herz Mariens und aus Liebe zu Jesus leiden. Ich fragte, ob du mitgehen würdest. Sie verneinte. Das kostet mich am meisten. Sie sagte, dass meine Mutter mich hinbringen und dass ich dann allein dort bleiben würde. Danach war sie einige Zeit in Gedanken versunken. Dann fügte sie hinzu: Wenn nur du mit mir gehen würdest! Am meisten kostet es mich, dass ich ohne dich gehe. Vielleicht ist das Krankenhaus ein sehr dunkles Haus, wo man nichts sieht, und ich bin dort allein, um zu leiden. Aber es macht nichts. Ich leide aus Liebe zu Unserem Herrn und um dem*

Unbefleckten Herzen Mariens Sühne zu leisten, für die Bekehrung der Sünder und für den Heiligen Vater (1. E).

Zwischen 1918 und 1920 starben weltweit zwischen 25 und 50 Millionen Menschen an der „Spanischen Grippe“, die durch einen besonderen Influenzavirus verursacht wurde. Auch die gesamte Familie Marto wird krank mit Ausnahme des Vaters, der sich als Krankenschwester der Familie versucht. Besonders schwer hat es Francisco und Jacinta getroffen. Olimpia Marto erinnert sich an diese Zeit: „Der kleine Junge nahm jede Medizin, die wir ihm reichten. Nie machte er irgendwelche Schwierigkeiten. Ich wusste nie, was er sich wünschte oder was er nicht mochte. Gab ich ihm Milch, nahm er sie, gab ich ihm ein Ei, nahm er es auch. Bittere Medizin nahm er, ohne eine Miene zu verziehen. Es ging ihm dann so gut, dass wir an eine Besserung glaubten. Er sagte aber immer, die Medikamente seien nutzlos. Unsere Liebe Frau werde ihn bald in den Himmel holen.“ Tatsächlich hielt die Besserung nicht an und schließlich konnte er das Bett nicht mehr verlassen. Trotz des hohen Fiebers blieb er bis zum letzten Tag heiter und glücklich. Manchmal besuchte Lucia die beiden, sie unterhielten sich und beteten den Rosenkranz. Schließlich möchte Francisco beichten. Der Pfarrer kommt und spendet das Sakrament der Versöhnung. Dann empfängt Francisco zum ersten Mal die heilige Kommunion – seine

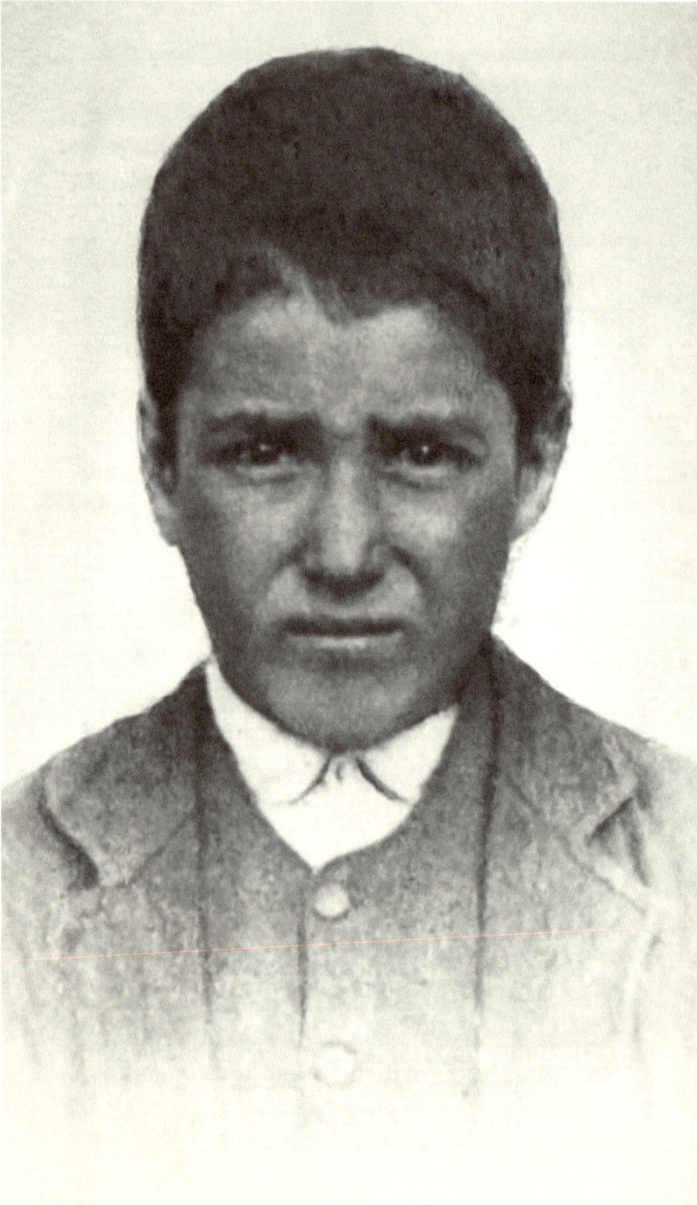

Erstkommunion ist zugleich sein Viaticum, seine Wegzehrung. Am 3. April verabschiedet er sich von Jacinta und Lucia. *Es war schon Nacht, als ich mich von ihm verabschiedete: Francisco, auf Wiedersehen! Wenn du diese Nacht in den Himmel kommst, vergiss mich dort nicht, hörst du? – Ich werde dich nicht vergessen. Sei beruhigt! Und er ergriff meine rechte Hand, drückte sie eine Zeit lang kräftig und schaute mich mit Tränen in den Augen an: Möchtest du noch etwas?, fragte ich ihn unter Tränen, die auch mir über das Gesicht liefen. – Nein!, antwortete er mit schwacher Stimme. Da diese Szene allzu ergreifend wurde, schickte mich meine Tante aus dem Zimmer. – Dann auf Wiedersehen, Francisco! Bis im Himmel! Auf Wiedersehen im Himmel! (4. E).*

Am 4. April 1919 öffnet sich der Himmel für den kleinen Francisco. Gegen sechs Uhr morgens sagt der Sterbende zu seiner Mutter: „Schau, Mutter, das schöne Licht an der Tür! … Jetzt sehe ich es nicht mehr." Sein Gesicht leuchtet auf und mit einem Lächeln auf den Lippen tut er den letzten Atemzug. Seine letzte Ruhestätte findet Francisco Marto auf dem kleinen Friedhof von Fatima.

Seine Schwester Jacinta sollte noch einen langen Leidensweg vor sich haben. Nach einer Lungenentzündung enwickelt sich ein eitriger Abszess am Rippenfell. Wie es die Muttergottes vorausgesagt hat, wird sie in ein Krankenhaus eingeliefert. Zwei Monate lang muss sie eine schmerzhafte Behandlung über sich ergehen lassen, bevor sie wieder nach Hause entlassen wird. Ihr priesterlicher Freund, Dr. Formigão, ist über ihren Zustand entsetzt: „Jacinta gleicht einem Skelett, ihre Arme sind erschreckend mager. Seit sie das örtliche Krankenhaus verlassen hat, in dem man sie zwei Monate einer nutzlosen Behandlung unterzog, war sie nie frei von Fieber. Es ist ergreifend, sie zu sehen. Tuberkulose, nach einer Attacke von Lungenentzündung und eitriger Rippenfellentzündung, zehrt ihren geschwächten Körper aus. Aber ihre Eltern können die Kosten für eine entsprechende Behandlung nicht aufbringen.“ Ende Dezember 1919 hat Jacinta wieder eine Vision mit der Muttergottes, von der sie Lucia erzählt. *Wieder ließ sich die Heiligste Jungfrau herab, Jacinta zu besuchen, um ihr neue Kreuze und Opfer anzukündigen … Sie sagte mir, ich werde nach Lissabon in ein anderes Krankenhaus kommen. Ich werde dich nicht wiedersehen, auch meine Eltern nicht. Ich werde viel leiden und dann allein sterben. Aber ich soll keine Angst haben. Sie wird dorthin kommen und mich in den Himmel holen. Und weinend umarmte sie mich und meinte: Niemals mehr werde ich dich wiedersehen. Bitte, bete viel für mich, da ich alleine sterben muss (1. E).*

Tatsächlich bemühen sich einige Ärzte, Jacinta im Krankenhaus in Lissabon bei dem berühmtem Kinderarzt Dr. Castro Freire unterzubringen. Gemeinsam mit ihrer Mutter begibt sich Jacinta

auf ihre letzte Reise. In Lissabon wird sie zunächst in dem Waisenhaus „Unserer Lieben Frau von den Wundern“ untergebracht, während ihre Verlegung ins Krankenhaus vorbereitet wird. Dieses Waisenhaus gefällt Jacinta sehr gut. Es ist ein heller, freundlicher Ort, der sogar über eine Kapelle verfügt, sodass Jacinta täglich die hl. Kommunion empfangen kann. Mehr als einmal erscheint ihr in diesen Tagen die Muttergottes. Die Oberin, Mutter Maria Godinho, erinnert sich: „Während ihres Aufenthaltes in unserem Haus muss sie mehr als einmal den Besuch Unserer Lieben Frau gehabt haben. Ich erinnere mich, als sie einmal sagte: ‚Bitte, liebe Mutter, gehen Sie etwas von hier weg, ich warte auf Unsere Liebe Frau.‘ Dabei nahm ihr Gesicht einen strahlenden Ausdruck an. Es hat den Anschein, dass es nicht immer Unsere Liebe Frau persönlich war, sondern eine Kugel aus Licht, wie sie in Fatima gesehen wurde, denn einmal hörten wir sie sagen: ‚Diesmal war es nicht so wie in Fatima, aber ich weiß, Sie war es!‘“ Schließlich aber beginnt der letzte Teil ihrer Passion – sie wird am 2. Februar 1920 in das Krankenhaus verlegt, wo ein Bett für sie frei geworden war. Wie schwer fiel Jacinta die Trennung vom Waisenhaus, der gütigen Oberin und der Kapelle mit dem Tabernakel! Die Krankenstation empfand sie als kalt und unfreundlich, sie fühlte sich einsam, auch wenn sie täglich von der Oberin und anderen Bekannten besucht wurde. Einmal konnte sich auch ihr Vater zu einem kurzen Besuch frei machen – hatte er doch noch die anderen Kranken seiner Familie zu versorgen. Am 10. Februar wurde Jacinta unter großen Schmerzen operiert – die Art des Eingriffs erlaubte keine Narkose, nur eine örtliche Betäubung. Zwei Rippen wurden entnommen, eine faustgroße Wunde musste täglich neu verbunden werden – eine Tortur. Doch hatte die Muttergottes ihren kleinen Liebling nicht vergessen und erschien ihr einige Male. Ihr Arzt versichert: „Mit der Erscheinung, dort in der Mitte der Station, verschwanden ihre Schmerzen vollkommen. Sie konnte sogar etwas spielen und sich zerstreuen. Sie schaute gerne Heiligenbildchen an, darunter eines von Unserer Lieben Frau von Sameiro, das sie mit besonderer Freude betrachtete, da es, wie sie sagte, der Erscheinung am ähnlichsten sei." Am Freitag vor Aschermittwoch ging der irdische Weg Jacinta Martos zu Ende. Ihr Arzt Dr. Lisboa erinnert sich: „Am Abend des 20. Februar sagte Jacinta, dass sie sich schlechter fühle und die heiligen Sakramente empfangen möchte. Der Ortspfarrer, Dr. Pereira dos Reis, wurde geholt und hörte etwa um acht Uhr abends ihre Beichte. Ihm wurde gesagt, dass Jacinta darauf gedrungen hatte, als Wegzehrung die heilige Kommunion zu empfangen. Dr. Reis ging auf ihre Bitten nicht ein, denn es schien ihr ganz gut zu gehen. Er versprach, die heilige Kommunion am folgenden Morgen zu bringen. Jacinta bat nochmals um die Wegzehrung, denn sie würde jetzt sterben. Tatsächlich starb sie noch in der gleichen Nacht, friedlich, jedoch ohne die heilige Kommunion empfangen zu haben. Eine junge Pflegerin, Aurora Gomes, war der einzige Mensch, der bei ihrem Sterben zugegen war." Man kleidet den Leichnam des Kindes in ein weißes Kleid mit blauer Schärpe. In den Farben der Muttergottes wird sie in den Sarg gelegt und zunächst in der Sakristei der Pfarrkirche der hl. Engel aufgebahrt. Pfarrer dos Reis war damit gar nicht einverstanden, setzte doch sofort eine wahre Wallfahrt ein. Viele Menschen wollten sich von Jacinta verabschieden. In kleinen Gruppen begleitet der Pfarrer die Pilger zu der Verstorbenen. Der Bestatter Antonio Almeida erinnert sich: „Ich glaube noch immer, Jacinta zu sehen. Sie sah aus wie ein kleiner Engel. In ihrem Sarg schien sie zu leben. Ihre Lippen und Wangen waren von zartem Rosa. Ich habe viele Tote gesehen, große und kleine, aber nie ist mir Ähnliches begegnet. Das feine Parfüm, das der Leichnam verströmte, kann man auf natürliche Weise nicht erklären. Selbst der hartgesottenste Skeptiker konnte nicht daran zweifeln. Oft macht der Geruch den Aufenthalt neben einem Toten so unangenehm, aber dieses Kind war bereits drei Tage tot und verströmte einen Duft wie von einem Strauß Blumen." Jacinta Marto wird zunächst in einer Gruft in Vila Nova de Ourém beigesetzt. Am 12. September 1935 wird der Sarg auf

Geheiß des Bischofs von Leiria geöffnet: Der Leichnam Jacintas wies keine Spuren der Verwesung auf. Es werden Fotografien angefertigt, eine von ihnen wird Lucia gesandt, die sich sehr über diese Erinnerung freut. Dann wird Jacinta neben ihrem Bruder auf dem Friedhof in Fatima beigesetzt.

1949 wird der Seligsprechungsprozess von Francisco und Jacinta eröffnet. In diesem Zusammenhang öffnete man am 30. April 1951 die Gräber der beiden Kinder. Jacintas Sarg wurde rasch gefunden. Ihr Leichnam war eingetrocknet, aber sehr gut erhalten. Am folgenden Tag wurden ihre sterblichen Überreste in die Basilika überführt, wo sie in einem besonderen Grab im linken Seitenschiff der Basilika beigesetzt wurden. Franciscos Sarg wurde zunächst nicht gefunden. Man konnte ihn erst ein Jahr später bei einer neuen Untersuchung identifizieren. Auch der Leichnam Franciscos wurde in einer feierlichen Prozession in die Basilika übertragen und dort im rechten Seitenschiff zur letzten Ruhe gebettet.

Am 13. Mai 1989 sprach Papst Johannes Paul II. Jacinta und Francisco den heroischen Tugendgrad zu. Am 28. Juni 1999 erkannte die Kirche ein Wunder an, das auf die Fürsprache der beiden geschehen war. Schließlich konnte Papst Johannes Paul II. Jacinta und Francisco am 13. Mai 2000 zur Ehre der Altäre erheben. Der Papst begründete die Seligsprechung so: „Ihre Heiligkeit hängt nicht von den Erscheinungen ab, sondern von der Treue

und dem Engagement, mit denen sie dem einzigartigen Geschenk des Herrn und der seligen Jungfrau Maria entsprochen haben. ... Außerdem mussten die Hirtenkinder dem starken Druck der Leute standhalten, die sie mit Zwang und schrecklichen Drohungen dazu drängten, alles zu leugnen und die empfangenen Geheimnisse zu enthüllen. Aber sie machten sich gegenseitig Mut, vertrauten auf den Herrn und auf die Hilfe ‚der Frau', von der Francisco sagte: ‚Sie ist unsere Freundin.' Wegen ihrer Treue zu Gott sind sie ein leuchtendes Vorbild für Kinder und Erwachsene, wie man sich – auf einfache und dennoch großherzige Weise – dem verwandelnden Wirken der Gnade Gottes anpassen kann."
Das Fest der beiden seligen Seherkinder feiert die Kirche am 20. Februar.

Lucia

Das Bistum Leiria (heute Leiria-Fatima), das bereits von 1545 bis 1881 existierte, wurde am 17. Januar 1918 durch Papst Benedikt XV. von Neuem errichtet. Der neue Bischof José II. Alves Correia da Silva, der 1920 die Leitung der Diözese übernahm, zeigte großes Interesse am Schicksal Lucias, mit der die Gottesmutter noch einiges vorhatte. Er beschließt, dass Lucia nicht in Fatima bleiben kann. Als Seherin von Fatima wurde sie immer wieder von neugierigen Pilgern belästigt, außerdem soll sie eine vernünftige Erziehung genießen. Zu diesem Zweck tritt sie am 17. Juni 1921 mit vierzehn Jahren in das Kolleg der Schwestern der hl. Dorothea in Vilar ein. Da Lucia erst nach den Erscheinungen die Schule besuchen konnte, verfügte sie nur über eine mangelhafte Bildung. Auf dem Kolleg hatte sie die Chance, dank ihrer natürlichen Begabung und Intelligenz, ihrer Charakterstärke und Ausdauer, diese Mängel zu beheben. Bereits vor dem Eintritt ins Kolleg hatte Lucia vage den Wunsch verspürt, einem Orden beizutreten. Durch die bei den Dorotheerinnen gepflegte Spiritualität wurde dieser Wunsch konkreter. Zunächst spielte sie mit dem Gedanken, Karmelitin zu werden, entschied sich dann aber doch für den Orden, der sie so freundlich aufgenommen hatte. Mit 18 Jahren beginnt sie am 25. Oktober 1925 das Noviziat im Institut der hl. Dorothea. Zunächst ist sie ein Jahr als Postulantin in Pontevedra, dann wird sie im Kloster in Tuy (Spanien) aufgenommen. Sie nimmt den Ordensnamen Maria das Dores (Maria der Schmerzen) an und legte am 3. Oktober 1928 die zeitliche und am 3. Oktober 1934 die ewige Profess ab. Als 1936 der Spanische Bürgerkrieg ausbricht, wird Lucia in das Colégio do Sardão bei Porto (Portugal) geschickt und kann erst nach dem Ende des 2. Weltkriegs 1946 wieder in das Kloster von Tuy zurückkehren. Im Mai 1946 kann Lucia noch einmal nach Fatima zurückkehren, um einer kirchlichen Untersuchungskommission nähere Angaben zu den Erscheinungsorten zu

machen. Papst Pius XII. erteilte ihr die Erlaubnis, ihren schon früher gehegten Wunsch zu verwirklichen und Karmelitin zu werden. Am 25. März 1948 tritt sie in den Karmel der hl. Theresa in Coimbra ein, wo sie am 31. Mai 1949 die feierliche Profess ablegt. Als Karmelitin erhält sie bei ihrer Einkleidung den neuen Ordensnamen Maria Lucia vom Unbefleckten Herzen. Als Papst Paul VI. den 50. Jahrestag der Erscheinungen in Fatima feiert, wurde Lucia wieder nach Fatima eingeladen, genauso wie bei den Besuchen Johannes Pauls II. in Fatima 1982, 1991 und 2000. Zeit ihres Lebens wurden Schwester Lucia unzählige Fragen über die Erscheinungen, die Seherkinder und die Botschaft von Fatima gestellt. Da sie die endlosen Fragen nicht einzeln beantworten konnte, bat sie den Heiligen Stuhl um die Erlaubnis, ein Buch zu diesen Themen zu verfassen. Das im Jahr 2000 erschienene Werk trägt den Titel „Die Aufrufe der Botschaft von Fatima“ und enthält neben biografischen Skizzen, Betrachtungen über die Zehn Gebote und den Rosenkranz auch 20 „Aufrufe“, Betrachtungen über einzelne Elemente der Botschaft, wie z. B. „Der Aufruf zur Anbetung“, „Der Aufruf zum Apostolat“ oder „Der Aufruf zum Gehen des Weges zum Himmel“. In einer einfachen, aber auch tiefsinnigen Weise meditiert Schwester Lucia die Erscheinungsbotschaft vor dem Hintergrund der Heiligen Schrift. Man hat dieses Werk als „geistliches

Testament“ der Ordensfrau oder auch als „Katechismus von Fatima“ bezeichnet.

Lucia dos Santos stirbt am 13. Februar 2005. Wie sie es verfügt hatte, wird sie zunächst für ein Jahr auf dem Klosterfriedhof von Coimbra beigesetzt. Am 19. Februar 2006 wird sie in die Basilika Unserer Lieben Frau von Fatima überführt und findet neben Jacinta ihre letzte Ruhestätte, der Tag wurde in Portugal zum nationalen Trauertag erklärt. Obwohl das Kirchenrecht eine fünfjährige Wartefrist vorsieht, gab Papst Benedikt XVI. bereits am dritten Todestag Schwester Lucias die Erlaubnis, den Seligsprechungsprozess zu eröffnen.

Das Geheimnis von Fatima

Das „Geheimnis von Fatima“ besteht aus drei Teilen. Die ersten beiden Teile hat Schwester Lucia am 31. August 1941 (3. Erinnerung) und mit weiteren Anmerkungen noch einmal am 8. Dezember 1941 (4. Erinnerung) für den Bischof von Leiria aufgeschrieben. Sie wurden am 13. Mai 1942 veröffentlicht. Schwester Lucia hat den dritten Teil des Geheimnisses am 3. Januar 1944 niedergeschrieben. Der versiegelte Umschlag wurde zunächst von ihrem Bischof aufbewahrt, der ihn am 4. April 1957 in das Geheimarchiv des Heiligen Offiziums (Glaubenskongregation) des Vatikans bringen ließ. Papst Johannes XXIII. wurde der Umschlag am 17. August 1959 überbracht. Er las ihn zusammen mit seinem Beichtvater. Papst Paul VI. hat den Inhalt 1965 gelesen; beide Päpste entschieden, ihn nicht zu veröffentlichen. Papst Johannes Paul II. interessierte sich nach dem Attentat vom 13. Mai 1981 für den dritten Teil des Geheimnisses von Fatima. Er las die Niederschrift von Schwester Lucia am 18. Juli 1981 und gab ihn zunächst in das Geheimarchiv zurück. Am 26. Juni 2000 wurde der dritte Teil des Geheimnisses von Fatima veröffentlicht.

1. Teil des Geheimnisses von Fatima

Unsere Liebe Frau zeigte uns ein großes Feuermeer, das in der Tiefe der Erde zu sein schien. Eingetaucht in dieses Feuer, sahen wir die Teufel und die Seelen, als seien es durchsichtige schwarze oder braune, glühende Kohlen in menschlicher Gestalt. Sie trieben im Feuer dahin, emporgeworfen von den Flammen, die aus ihnen selber zusammen mit Rauchwolken hervorbrachen. Sie fielen nach allen Richtungen, wie Funken bei gewaltigen Bränden, ohne Schwere und Gleichgewicht, unter Schmerzensgeheul und Verzweiflungsschreien, die einen vor Entsetzen erbeben und erstarren ließen. Die Teufel waren gezeichnet durch eine schreckliche und grauenvolle Gestalt von scheußlichen, unbekannten Tieren, aber auch sie waren durchsichtig und schwarz (3. E).

Bereits im Judentum der letzten beiden Jahrhunderte vor Christus hat sich der Gedanke einer ewigen Verdammung immer weiter ausgebildet. Er hat seinen festen Platz in der Heiligen Schrift – immer wieder warnt uns Jesus vor der Hölle und ihren Strafen: „Denn es ist besser für dich, dass eines deiner Glieder verloren geht, als dass dein ganzer Leib in die Hölle kommt“ (Mt 5,29). – „Der Menschensohn wird seine Engel aussenden und sie werden aus seinem Reich alle zusammenholen, die andere verführt und das Gesetz Gottes übertreten haben, und werden sie in den Ofen werfen, in dem das Feuer brennt. Dort werden sie heulen und mit den Zähnen knirschen" (Mt 13,41f.). Viele andere Schriftstellen bezeugen die Existenz der Hölle, z. B. Mt 5,22; 8,12; 13,50; 18,8f.; 22,13; 24,51; 25,30; 25,41; Lk 13,28; Röm 9,22; 2 Kor 2,15; 1 Thess 5,3; 2 Thess 1,9; 2,10; 1 Tim 6,9; Offb 14,10; 19,20; 20,10–15; 21,8. Immer hat die Kirche an dieser Lehre Jesu festgehalten – auch gegen die Widerstände, die sich regten. Der Gedanke an ein endgültiges und totales Misslingen des menschlichen Lebens, an die ewige Verdammnis, war für die Christen früherer Zeiten genauso unerträglich wie für uns heute. Das Erschrecken und die Fassungslosigkeit über diese reale Möglichkeit der Verdammung hat immer wieder Versuche hervorgebracht, die klare Lehre des Evangeliums zu mildern, z. B. in dem Sinne, dass die Hölle nicht ewig ist und eine allgemeine Versöhnung am Ende steht, oder in dem Sinne, dass der Mensch in seinem Tod doch noch einmal die Möglichkeit erhält, im Angesicht Gottes eine allerletzte „Endentscheidung" zu treffen. Die Botschaft Jesu aber bleibt unverrückbar und alle Umdeutungsversuche müssen letztlich scheitern – nicht, weil Gott so grausam wäre, sondern weil der Mensch in seiner Freiheit so groß ist und deshalb auch so großen Schaden anrichten kann. Die Alternative würde bedeuten, diese Freiheit des Menschen zu beschneiden – dann wären wir nichts als Marionetten in der Hand Gottes. Gott aber wollte keine Marionetten, sondern Geschöpfe, die zur Liebe berufen sind. Es erscheint auf den ersten Blick paradox, aber die Tatsache, dass es eine Hölle gibt, ist eine Folge der Liebe Gottes! Die besondere Würde des Menschen liegt doch darin begründet, dass er als „Ebenbild Gottes“ geschaffen wurde (Gen 1,27). Ebenbild Gottes – das bedeutet auch, dass Gott den Menschen aus Liebe geschaffen hat. Gott liebt den Menschen und will vom Menschen wiedergeliebt werden. Die Größe des Menschen, ja seine Berufung besteht darin, dass er fähig ist zur wirklichen Liebe. Und der Mensch kann nur deshalb überhaupt lieben, weil er zuerst von Gott geliebt worden ist. Die Liebe aber setzt die Freiheit voraus. Ich kann einem anderen Menschen die Pistole auf die Brust setzen und ihm Angst machen und ihn so zu ziemlich vielen Dingen zwingen – keinesfalls aber dazu, mich zu lieben. Liebe kann nur in Freiheit geschenkt werden. Und es macht das Geheimnis und die Größe Gottes aus, dass er dem Menschen diese Freiheit schenkt – die Freiheit, zu lieben. Ich bin frei, Gott zu lieben, aber das schließt auch die traurige Möglichkeit ein, dass ich diese Freiheit missbrauchen kann, indem ich mich gegen Gott und damit gegen die Liebe, die Gott selbst ist (1 Joh 4,8), entscheide. Wenn ich bis zum allerletzten Moment meines Lebens nicht bereit bin, diese Entscheidung auch nur im Allerkleinsten zu revidieren, wenn ich nicht das geringste Zeichen, den flüchtigsten Gedanken daran von mir gebe, bedeutet die Konsequenz meiner Entscheidung die Hölle. Natürlich will der liebende Gott nichts mehr als das Heil aller Menschen – aber er zwingt uns nicht dazu. Er möchte, dass wir uns frei für ihn entscheiden. Es ist gut, sich diesen Zusammenhang von Liebe und Freiheit sehr deutlich zu machen, denn er zeigt uns die Größe des Menschen und seiner Berufung, er zeigt, wie ernst – buchstäblich todernst – Gott uns und unseren Umgang mit der Freiheit, die wir zum Lieben haben, nimmt. Unser Leben ist ein Ernstfall! Es gibt das, was wir nicht widerrufen können – auch die unwiderrufliche Zerstörung. Die Hölle ist ewig. Hier auf Erden ist nichts endgültig, auch der Hass nicht. Nur die Hölle ist total, ewig und aussichtslos. Dem ewigen Leben steht der ewige Tod gegenüber: „Und sie werden weggehen und die ewige Strafe erhalten, die Gerechten aber das ewige Leben" (Mt 25,46).

Ein schrecklicher Abgrund der Hölle tut sich uns in dem Gedanken auf, dass die Verdammten gar nicht aus der Hölle herauswollen, weil ihr Herz und ihr Wille so im Bösen verhärtet sind, dass sie nicht mehr zu wahrer Reue fähig sind. Sie wollen das Gute – Gott und seine Barmherzigkeit – gar nicht, sie wollen gar nicht in den Himmel kommen. Diese furchtbare Haltung ist die Konsequenz aus dem Wesen der Todsünde, aus der willentlichen und wissentlichen totalen Abkehr von Gott. Nicht umsonst wird der Stolz, der Hochmut als erste der

Hauptsünden genannt, die weitere Sünden nach sich ziehen (KKK 1866). Gott ist die Liebe, er hasst nicht. Auch nicht den Teufel und die Verdammten in der Hölle. Der Grund für die Hölle liegt nicht im grausamen Gott, sondern im Menschen selbst. Aber gerade deshalb gibt es für uns die reale Möglichkeit, unser ewiges Heil zu verspielen. Deshalb warnt uns Jesus so eindringlich und ruft uns zur Wachsamkeit auf. Wir dürfen dies nicht als Widerspruch zur „frohen Botschaft" werten – im Gegenteil: Die reale Möglichkeit unserer Verdammung zeigt uns deutlich, wovon wir durch Jesus Christus erlöst sind. Ohne das Heilshandeln Gottes, ohne Jesus Christus, seinen Tod und seine Auferstehung wäre die Hölle unser aller Schicksal geworden. Nehmen wir deshalb die Mahnung Jesu ernst, lassen wir uns von einer „heilsamen Gottesfurcht" aus unserer Lässigkeit und Bequemlichkeit reißen: „Euch aber, meinen Freunden, sage ich: Fürchtet euch nicht vor denen, die den Leib töten, euch aber sonst nichts tun können. Ich will euch zeigen, wen ihr fürchten sollt: Fürchtet euch vor dem, der nicht nur töten kann, sondern die Macht hat, euch auch noch in die Hölle zu werfen" (Lk 12,4f.).

2. Teil des Geheimnisses von Fatima

Ihr habt die Hölle gesehen, wohin die Seelen der armen Sünder kommen. Um sie zu retten, will Gott in der Welt die Andacht zu meinem Unbefleckten Herzen begründen. Wenn man tut, was ich euch sage, werden viele Seelen gerettet werden und es wird Friede sein. Der Krieg wird ein Ende nehmen. Wenn man aber nicht aufhört, Gott zu beleidigen, wird unter dem Pontifikat von Papst Pius XI. ein anderer, schlimmerer beginnen. Wenn ihr eine Nacht von einem unbekannten Licht erhellt seht, dann wisst, dass dies das große Zeichen ist, das Gott euch gibt, dass Er die Welt für ihre Missetaten durch Krieg, Hungersnot, Verfolgungen der Kirche und des Heiligen Vaters bestrafen wird. Um das zu verhüten, werde ich kommen, um die Weihe Russlands an mein Unbeflecktes Herz und die Sühnekommunion an den ersten Samstagen des Monats zu verlangen. Wenn man auf meine Wünsche hört, wird Russland sich bekehren und es wird Friede sein. Wenn nicht, wird es seine Irrlehren über die Welt verbreiten, wird Kriege und Kirchenverfolgungen heraufbeschwören. Die Guten werden gemartert werden, der Heilige Vater wird viel zu leiden haben, verschiedene Nationen werden vernichtet werden, am Ende aber wird mein Unbeflecktes Herz triumphieren. Der Heilige Vater wird mir Russland weihen, das sich bekehren wird, und der Welt wird eine Zeit des Friedens geschenkt werden (3. E).

Die Muttergottes erklärt den Seherkindern, warum sie die Höllenvision sehen sollten: Um die Seelen der armen Sünder zu retten. Der Weg dazu ist die Andacht zum Unbefleckten Herzen Mariens.

In seiner Deutung des Geheimnisses von Fatima schreibt der damalige Präfekt der Kongregation für die Glaubenslehre, Joseph Kardinal Ratzinger: „‚Herz‘ bedeutet in der Sprache der Bibel die Mitte der menschlichen Existenz, das Zusammenströmen von Verstand, Wille, Gemüt und Sinnen, in dem der Mensch seine Einheit und seine innere Richtung findet. Das ‚unbefleckte Herz‘ ist gemäß Mt 5,8 ein Herz, das ganz zu einer inneren Einheit von Gott her gefunden hat und daher ‚Gott sieht‘. ‚Devozione‘ (Verehrung) zum Unbefleckten Herzen Mariens ist daher Zugehen auf diese Herzenshaltung, in der das ‚Fiat‘ – dein Wille geschehe – zur formenden Mitte der ganzen Existenz wird. Wenn jemand einwenden möchte, wir sollten doch nicht einen Menschen zwischen uns und Christus stellen, so ist daran zu erinnern, dass Paulus sich nicht scheut, zu seinen Gemeinden zu sagen: Ahmt mich nach (1 Kor 4,16; Phil 3,17; 1 Thess 1,6; 2 Thess 3,7.9). Am Apostel können sie konkret ablesen, was Nachfolge Christi heißt. Von wem aber könnten wir es über alle Zeiten hin besser erlernen als von der Mutter des Herrn?“

Die Muttergottes kündigt an, dass der Erste Weltkrieg (1914–1918) zu Ende gehen wird, und kündigt den Zweiten Weltkrieg an, sollten die Beleidigungen Gottes nicht aufhören. Dem Einwand, dass der Zweite Weltkrieg doch 1939 unter dem Pontifikat Pius' XII. begann, begegnet Schwester Lucia mit dem Hinweis, dass bereits die Besetzung Österreichs durch die deutsche Wehrmacht als Beginn des Krieges verstanden werden könne. Das unbekannte Licht, welches die Nacht erhellt und den Beginn von Krieg, Leid und Verfolgung anzeigt, wurde von Schwester Lucia mit dem Nordlicht in der Nacht vom 25. auf den 26. Januar 1938 identifiziert.

Tatsächlich erschien die Gottesmutter Schwester Lucia noch mehrmals in Pontevedra und Tuy, um wie angekündigt die Weihe Russlands und die Sühnekommunion am Samstag zu fordern. Die Botschaft schließt mit der hoffnungsvollen Versicherung: „Am Ende aber wird mein Unbeflecktes Herz triumphieren!" Tatsächlich weihte Papst Johannes Paul II. am 25. März 1984 auf dem Petersplatz in Rom vor der Gnadenstatue von Fatima in Gemeinschaft mit den katholischen Bischöfen der ganzen Welt alle Menschen und Völker dem Unbefleckten Herzen Mariens. Schwester Lucia ist sich sicher, dass diese Weihe die politischen Veränderungen im Osten Europas mit dem Fall des Eisernen Vorhangs ausgelöst hat. Das Versprechen, dass der Welt eine Zeit des Friedens geschenkt wird, steht noch aus.

Die ersten beiden Teile des Geheimnisses von Fatima laden uns ein, die Seelen zu retten. Bei der dritten Erscheinung der Muttergottes, als sie den Kindern das Geheimnis mitteilt, wurde deshalb auch das „Fatima-Gebet" offenbart, das in den Rosenkranz eingefügt werden soll und nach jedem

Gesätz den Herrn darum anfleht, alle Seelen in den Himmel zu führen, „besonders jene, die Deiner Barmherzigkeit am meisten bedürfen".

3. Teil des Geheimnisses von Fatima

Nach den zwei Teilen, die ich schon dargestellt habe, haben wir links von Unserer Lieben Frau etwas oberhalb einen Engel gesehen, der ein Feuerschwert in der linken Hand hielt; es sprühte Funken und Flammen gingen von ihm aus, als sollten sie die Welt anzünden; doch die Flammen verlöschten, als sie mit dem Glanz in Berührung kamen, den Unsere Liebe Frau von ihrer rechten Hand auf ihn ausströmte: den Engel, der mit der rechten Hand auf die Erde zeigte und mit lauter Stimme rief: Buße, Buße, Buße! Und wir sahen in einem ungeheuren Licht, das Gott ist: „etwas, das aussieht wie Personen in einem Spiegel, wenn sie davor vorübergehen", einen in Weiß gekleideten Bischof, „wir hatten die Ahnung, dass es der Heilige Vater war". Verschiedene andere Bischöfe, Priester, Ordensmänner und Ordensfrauen einen steilen Berg hinaufsteigen, auf dessen Gipfel sich ein großes Kreuz befand aus rohen Stämmen wie aus Korkeiche mit Rinde [sic!]. *Bevor er dort ankam, ging der Heilige Vater durch eine große Stadt, die halb zerstört war und halb zitternd mit wankendem Schritt, von Schmerz und Sorge gedrückt, betete er für die Seelen der Leichen, denen er auf seinem Weg begegnete. Am Berg angekommen, kniete er zu Füßen des großen*

Kreuzes nieder. Da wurde er von einer Gruppe von Soldaten getötet, die mit Feuerwaffen und Pfeilen auf ihn schossen. Genauso starben nach und nach die Bischöfe, Priester, Ordensleute und verschiedene weltliche Personen, Männer und Frauen unterschiedlicher Klassen und Positionen. Unter den beiden Armen des Kreuzes waren zwei Engel, ein jeder hatte eine Gießkanne aus Kristall in der Hand. Darin sammelten sie das Blut der Märtyrer auf und tränkten damit die Seelen, die sich Gott näherten (Bd. 1, Anhang).

Als die ersten Menschen aus dem Paradies vertrieben werden, stellt Gott, der Herr, „östlich des Gartens von Eden die Kerubim auf und das lodernde Flammenschwert, damit sie den Weg zum Baum des Lebens bewachten" (Gen 3,24). Nach jüdischer Tradition wurde der Engel Gabriel mit dieser Aufgabe betraut. Vielleicht ist er auch der Engel mit dem Feuerschwert in der linken Hand? Doch der Weltenbrand wird verhindert durch den Glanz der Muttergottes – die Liebe und Hingabe Mariens, ihre mütterliche Fürsprache, ihr von Gottes Leben und seiner Liebe erfülltes Unbeflecktes Herz halten das Strafgericht auf. Mit der rechten Hand deutet der Engel auf die Erde – auf uns – und weist uns den Weg aus dem Gericht: Buße! Bereits der Schutzengel Portugals wies den Kindern den Weg der Buße: Gebet, Opfer und das bereitwillige und geduldige Tragen des Kreuzes sind für jeden Christen der Weg des Evangeliums, der Weg Jesu, in dessen Nachfolge wir leben sollen. Der Ruf des Engels entspricht den ersten Worten, mit denen Jesus im Markusevangelium seine Verkündigung beginnt: „Die Zeit ist erfüllt, das Reich Gottes ist nahe. Bekehrt euch und glaubt an das Evangelium“ (Mk 1,15).

Gott ist das ungeheure, ewige Licht: „Und das Licht leuchtet in der Finsternis und die Finsternis hat es nicht erfasst“ (Joh 1,5). In diesem göttlichen Licht sehen die Kinder verschiedene Personen wie in einem Spiegel. Kardinalstaatssekretär Angelo Sodano hat in seiner Ansprache am 13. Mai 2000 in Fatima gesagt: „Dieser Text stellt eine prophetische Schau dar, die man mit jenen der Heiligen Schrift vergleichen kann. Sie beschreiben nicht im fotografischen Sinn die Einzelheiten der zukünftigen Ereignisse, sondern fassen auf einem gemeinsamen Hintergrund Tatsachen verdichtend zusammen, die sich zeitlich in einer nicht präzisierten Abfolge und Dauer erstrecken. Daher kann der Schlüssel zum Verständnis des Textes nur symbolisch sein.“ Der prophetische Spiegel offenbart den Papst, Bischöfe, Priester und Ordensleute und Laien, die den Weg des Martyriums gehen. Ein steiler Berg symbolisiert die Mühen und Anstrengungen unseres Lebensweges. Die halb zerstörte Stadt könnte eine Sinnbild unserer menschlichen Gesellschaft sein, in der wir gemeinsam versuchen, unser Leben aufzubauen in Freundschaft, Wahrheit und Gerechtigkeit. Diese

Gesellschaft, unsere menschliche Gemeinschaft, ist aber immer bedroht vom Bösen, von Hass und Krieg, Lüge und Streit. Die Kirche, die hier gezeigt wird, ist die betende und leidende Kirche der Märtyrer. Zerstörte Städte, verfolgte Christen – auch einhundert Jahre nach der Offenbarung des Geheimnisses von Fatima ist diese Vision von bedrückender Aktualität. Schließlich stirbt der Papst unter dem großen Kreuz: Am Ende und Ziel unseres Lebensweges und der ganzen Menschheitsgeschichte steht das Zeichen unserer Erlösung. Die Engel sammeln das Blut der Märtyrer: Die hoffnungsvolle Botschaft lautet: Das Leid ist nicht umsonst, wenn es mit dem Leiden Christi verbunden wird. Unser Sterben geht nicht ins Nichts, wenn wir uns im Sterben mit Christus verbinden. Die Vision von Fatima verbindet sich hier mit der Vision der Offenbarung des Johannes: „Da fragte mich einer der Ältesten: Wer sind diese, die weiße Gewänder tragen, und woher sind sie gekommen? Ich erwiderte ihm: Mein Herr, das musst du wissen. Und er sagte zu mir: Es sind die, die aus der großen Bedrängnis kommen; sie haben ihre Gewänder gewaschen und im Blut des Lammes weiß gemacht. Deshalb stehen sie vor dem Thron Gottes und dienen ihm bei Tag und Nacht in seinem Tempel; und der, der auf dem Thron sitzt, wird sein Zelt über ihnen aufschlagen. Sie werden keinen Hunger und keinen Durst mehr leiden und weder Sonnenglut noch irgendeine sengende Hitze

wird auf ihnen lasten. Denn das Lamm in der Mitte vor dem Thron wird sie weiden und zu den Quellen führen, aus denen das Wasser des Lebens strömt, und Gott wird alle Tränen von ihren Augen abwischen“ (Offb 7,13–17). Joseph Kardinal Ratzinger weist in seiner Auslegung des Geheimnisses von Fatima darauf hin, dass wir in der Gestalt des Papstes durchaus mehrere Päpste zusammengefasst entdecken können, die die Leiden des Jahrhunderts mittrugen und sich mühten, den Menschen auf dem Weg zum Kreuz voranzugehen. Aber ganz besonders wird sich Johannes Paul II. nach dem Attentat vom 13. Mai 1981 in der Vision wiedergefunden haben, als er fast gestorben wäre und sich sicher war, dass eine mütterliche Hand die Flugbahn der Kugel leitete. Das Geheimnis von Fatima lädt uns ein, den Weg der Umkehr und Buße, den Weg des Gebets und der Verehrung des Unbefleckten Herzen Mariens zu gehen. Am Ende aber steht die Gewissheit: „‚Mein Unbeflecktes Herz wird siegen.‘ Was heißt das? Das für Gott geöffnete, durch das Hinschauen auf Gott rein gewordene Herz ist stärker als Gewehre und Waffen aller Art. Das ‚Fiat‘ Marias, das Wort ihres Herzens, hat die Weltgeschichte gewendet, weil es den Retter eingelassen hat in diese Welt – weil im Raum dieses Ja Gott Mensch werden konnte und es nun ewig bleibt. Das Böse hat Macht in der Welt, wir sehen es und erfahren es immer wieder; es hat Macht, weil unsere Freiheit sich immer wieder von Gott abdrängen lässt. Aber seit Gott selbst ein menschliches Herz hat und so die Freiheit des Menschen ins Gute hinein, auf Gott zu, gewendet hat, hat die Freiheit zum Bösen nicht mehr das letzte Wort. Seitdem gilt: ‚In der Welt werdet ihr Drangsal haben, aber seid nur getrost, ich habe die Welt überwunden' (Joh 16,33). Dieser Verheißung uns anzuvertrauen, lädt uns die Botschaft von Fatima ein" (Joseph Kardinal Ratzinger).

Die Señora
1925–1929

Pontevedra

Als Lucia dos Santos in Pontevedra das Postulat bei den Dorotheenschwestern absolviert, macht die Muttergottes ihr Versprechen wahr, das sie im zweiten Teil des Geheimnisses von Fatima gegeben hatte. Lucia berichtet: *Am 10. Dezember 1925 erschien die Heiligste Jungfrau in Pontevedra und seitlich, in einer leuchtenden Wolke, ein Kind. Die Heiligste Jungfrau legte ihr die Hand auf die Schulter und zeigte ein von Dornen umgebenes Herz, das sie in der anderen Hand hielt. Das Kind sagte: Habe Mitleid mit dem Herzen deiner heiligsten Mutter, umgeben von Dornen, mit denen die undankbaren Menschen es ständig durchbohren, ohne dass jemand einen Sühneakt machen würde, um sie herauszuziehen. Darauf sagte die Heiligste Jungfrau: Meine Tochter, sieh mein Herz umgeben von Dornen, mit denen es die undankbaren Menschen durch ihre Lästerungen und Undankbarkeiten ständig durchbohren. Bemühe wenigstens du dich, mich zu trösten und teile mit, dass ich verspreche, all jenen in der Todesstunde mit allen Gnaden, die für das Heil dieser Seelen notwendig sind, beizustehen, die fünf Monate lang jeweils am ersten*

Samstag beichten, die heilige Kommunion empfangen, einen Rosenkranz beten und mir während 15 Minuten durch Betrachtung der 15 Rosenkranzgeheimnisse Gesellschaft leisten in der Absicht, mir dadurch Sühne zu leisten (Bd. 1, Anhang 1).

Die Verehrung des Unbefleckten Herzens Mariens, die im Mittelpunkt der Botschaft von Fatima steht, ist auch das Thema dieser mystischen Vision, in der Schwester Lucia das Jesuskind und die Muttergottes sieht, die ein von Dornen durchbohrtes Herz in der Hand hält und im „großen Versprechen vom Herzen Mariens" eine gute Todesstunde im Stande der Gnade verheißt. „Am 15. Februar 1926 erschien ihr von Neuem das Jesuskind. Es fragte sie, ob sie schon die Andacht zu Seiner Mutter verbreitet hätte. Sie legte ihm die Schwierigkeiten dar, die der Beichtvater hatte, und sagte ihm, die Mutter Oberin sei bereit, sie zu verbreiten, doch habe der Beichtvater erklärt, dass sie allein nichts vermöge. Jesus antwortete: Es ist wahr, dass deine Oberin allein nichts vermag, aber mit meiner Gnade kann sie alles. Sie legte Jesus die Schwierigkeiten dar, die einige Seelen hatten, am Samstag zu beichten, und bat darum, dass die Beichte acht Tage lang gültig sein möge. Jesus antwortete: Ja, es kann sogar viel länger sein, vorausgesetzt, dass sie im Stande der Gnade sind, wenn sie mich empfangen, und dass sie die Absicht haben, dem Unbefleckten Herzen Mariens Sühne zu leisten. Mein Jesus, und wenn jemand vergisst, diese Meinung zu erwecken? Jesus antwortete: Das können sie bei der nächsten Beichte tun, sofern sie die erste Gelegenheit wahrnehmen, die sie zur Beichte haben" (Bd. 1, Anhang 1).

Die große Verheißung von Pontevedra erinnert an die ebenfalls „große Verheißung" genannte Offenbarung Jesu an Margareta Maria Alacoque (1647–1690): „Im Übermaß der Barmherzigkeit meines Herzens verspreche ich dir, dass meine allmächtige Liebe allen, die an den ersten Freitagen neun Monate nacheinander würdig die hl. Kommunion empfangen, die Gnade eines bußfertigen Endes gewährt wird, sodass sie nicht ohne Empfang der heiligen Sakramente sterben werden; mein Herz wird in dieser letzten Stunde ihre sichere Zuflucht sein."

Die Andacht zum Unbefleckten Herzen Mariens hat ihre Wurzeln im Evangelium selbst. Als bei der Geburt Christi die Hirten kommen und von der Botschaft der Engel berichten, schreibt Lukas: „Maria aber bewahrte alles, was geschehen war, in ihrem Herzen und dachte darüber nach" (Lk 2,19). Immer wieder wird das Herz der Gottesmutter zum Gefäß für die Geheimnisse der Menschwerdung Gottes und unserer Erlösung. Das Herz der Gottesmutter ist offen, es ist bereit für den Willen Gottes und mitfühlend gegenüber der Not anderer. Bei der Hochzeit zu Kana ist Maria aufmerksamer als alle anderen, sie sieht, dass der Wein ausgeht, und bittet ihren Sohn um Hilfe: „Sie haben keinen Wein mehr“ (Joh 2,3). In derselben Weise ist das mütterliche Herz Mariens heute offen für uns und unsere Not und ganz bereit, fürbittend für uns einzutreten. Das Herz Mariens nimmt auch teil an der Passion Christi. „Und Simeon segnete sie und sagte zu Maria, der Mutter Jesu: Dieser ist dazu bestimmt, dass in Israel viele durch ihn zu Fall kommen und viele aufgerichtet werden, und er wird ein Zeichen sein, dem widersprochen wird. Dadurch sollen die Gedanken vieler Menschen offenbar werden. Dir selbst aber wird ein Schwert durch die Seele dringen“ (Lk 2,34f.). Bis zum Schluss ist das Herz der Mutter offen für den unbegreiflichen Willen Gottes, der den Sohn dahingibt, um uns zu erlösen. Auch als es am Kreuz zum Äußersten kommt, als alles hergegeben und hingeschenkt wird, verhärtet die Mutter ihr mitleidendes Herz nicht, verschließt es nicht, sondern spricht erneut ihr Fiat: „Ich bin die Magd des Herrn; mir geschehe, wie du es gesagt hast“ (Lk 1,38).

Als wichtiger Vorreiter der Verehrung der Heiligsten Herzen Jesu und Mariens gilt der heilige Johannes (Jean) Eudes (1601–1680); Papst Pius X. nannte ihn im Seligsprechungsdekret „den Urheber, Lehrer und Apostel dieser lieblichen Andacht“. 1643, zwanzig Jahre vor der ersten Feier des Herz-Jesu-Festes, feierte Johannes Eudes das erste Herz-Mariä-Fest, das seit 1648 auch offiziell als liturgisches Fest gefeiert wurde. 1944 führte Pius XII. das Fest des Unbefleckten Herzen Mariens ein, heute wird es am Samstag nach dem Herz-Jesu-Fest (Freitag der 3. Woche nach Pfingsten) gefeiert. Für Johannes Eudes ist die Gottesmutter „der vollendete Typ" des christlichen Lebens, da ihr Herz vollkommen von Jesus Christus erfüllt ist.

Auch der heilige Ludwig Maria Grignion (1673–1716), der Verfasser des berühmten „Goldenen Buches", zählt zu den großen Förderern der Verehrung des Unbefleckten Herzens Mariens. In seiner Schrift „Über die wahre Hingabe an Maria" beschreibt er, wie das Unbefleckte Herz Mariens den Sünder zu Christus führt, wie das Herz Mariens sozusagen „arbeitet": „Maria ist gut und zärtlich. Sie hat nichts Strenges und nichts Abschreckendes, nichts an ihr ist zu erhaben oder zu blendend. Denn wenn wir auf sie schauen, sehen wir einen Menschen, aber so, wie Gott ihn gemeint hat. Maria ist nicht die Sonne, die uns Schwache mit ihren Strahlen blenden könnte. Sie ist schön und sanft wie der Mond, der sein Licht von der Sonne empfängt und es für unser schwaches Sehvermögen erträglich macht. Maria ist so voller Liebe, dass sie keinen zurückweist, der ihre Fürsprache anruft, auch wenn er ein großer Sünder ist. Denn die Heiligen sagen, man habe noch nie gehört, dass jemand, der mit Vertrauen und Beharrlichkeit bei Maria Zuflucht gesucht habe, von ihr zurückgewiesen worden wäre. Maria ist so mächtig, dass ihr niemals eine Bitte abgeschlagen worden ist. Sie braucht nur mit einer Bitte vor ihrem Sohn zu erscheinen, so wird sie erhört. In seiner Liebe lässt Jesus sich immer von den Bitten seiner geliebten Mutter besiegen" (Nr. 85). Grignion lehrt die Weihe und Hingabe des eigenen Lebens an Maria: „Wähle dir einen besonderen Tag aus. An diesem Tag vollziehst du deine Ganzhingabe, und zwar freiwillig und aus Liebe und ohne jeden Zwang. Du weihst und opferst alles hin ohne Ausnahme: Leib, Seele, Familie, Haus, Einkünfte, alle materiellen und alle geistlichen Güter wie Verdienste, Gnaden, Tugenden und Genugtuungen" (Das Geheimnis Marias, Nr. 29). Der bestechende Gedanke hinter dieser Übung der Hingabe lautet: Gerade weil Maria ganz und gar von Christus erfüllt ist, weil in ihrem Herzen Christus herrscht, werden wir – wenn wir uns auf diese Weise mit ihrem Herzen verbinden – Christus finden, der mit seiner Liebe auch in unser Herz einziehen kann. Am 7. Juni 1981 lässt der vom Attentat genesende Papst Johannes Paul II. in der Basilika Santa Maria Maggiore einen von ihm selbst verfassten „Vertrauensakt" verlesen, mit dem die Welt dem Unbefleckten Herzen Mariens geweiht werden soll. Auch hier wird der bereits von Johannes Eudes und Ludwig Maria Grignion formulierte Grundgedanke ausgesprochen: „Vor dir, o Mutter Christi, vor deinem Unbefleckten Herzen, möchten wir uns heute zusammen mit der ganzen Kirche mit jener Weihe vereinen, durch die dein Sohn aus Liebe zu uns sich selber dem Vater geweiht hat, indem er sprach: „Ich heilige mich für sie, damit auch sie in der Wahrheit geheiligt sind“ (Joh 17,19). Wir wollen uns in dieser Weihe für die Welt und für die Menschen mit unserem Erlöser verbinden; in seinem göttlichen Herzen findet eine solche Weihe die Kraft, Verzeihung zu erlangen und Sühne zu leisten.“

Tuy

Mehr als drei Jahre später, am 13. Juni 1929, empfängt Schwester Lucia in Tuy in einer weiteren großen Vision Offenbarungen über das Geheimnis der Heiligsten Dreifaltigkeit. *Ich hatte von meinen Oberinnen und meinem Beichtvater die Erlaubnis erbeten und erhalten, jeweils in der Nacht vom Donnerstag auf Freitag von elf Uhr bis Mitternacht heilige Stunde zu halten. Eines Nachts war ich allein. Ich kniete mich an das Geländer in der Mitte der Kapelle, um die Gebete des Engels zu beten. Da ich mich müde fühlte, richtete ich mich auf und betete weiter mit ausgebreiteten Armen. Nur das ewige Licht brannte. Plötzlich erhellte sich die ganze Kapelle durch ein übernatürliches Licht und auf dem Altar erschien ein Kreuz aus Licht, das bis zur Decke reichte. In einem klareren Licht sah man im oberen Teil des Kreuzes das Antlitz und den Oberkörper eines Menschen, über der Brust eine Taube, ebenfalls aus Licht, und an das Kreuz genagelt den Körper eines anderen*

Menschen. Ein wenig unterhalb der Taille, in der Luft schwebend, sah man den Kelch und eine große Hostie, auf die einige Tropfen Blut fielen, die vom Angesicht des Gekreuzigten und aus einer Brustwunde herabliefen. Von der Hostie herabgleitend fielen diese Tropfen in den Kelch. Unter dem rechten Arm des Kreuzes stand Unsere Liebe Frau. Es war Unsere Liebe Frau von Fatima mit ihrem Unbefleckten Herzen in der linken Hand ohne Schwert und Rosen, jedoch mit einer Dornenkrone und Flammen … Unter dem linken Arm des Kreuzes bildeten einige große Buchstaben, die auf den Altar zuliefen, gleichsam als wären sie aus kristallklarem Wasser, die Worte: „Gnade und Barmherzigkeit". Ich verstand, dass mir das Geheimnis der Heiligsten Dreifaltigkeit gezeigt worden war, und empfing Erleuchtungen über dieses Geheimnis, die zu offenbaren mir nicht gestattet ist. Anschließend sagte mir Unsere Liebe Frau: Es ist der Augenblick gekommen, in dem Gott den Heiligen Vater auffordert, in Vereinigung mit allen Bischöfen der Welt die Weihe Russlands an mein Unbeflecktes Herz zu vollziehen. Er verspricht, es durch dieses Mittel zu retten. So viele Seelen werden von der Gerechtigkeit Gottes wegen der Sünden verdammt, die gegen mich begangen werden, sodass ich um Sühne bitte: Opfere dich in dieser Meinung auf und bete. Ich berichtete das meinem Beichtvater, der mir auftrug, niederzuschreiben, was Unsere Liebe Frau wünschte (Bd. 1, Anhang 2).

Wenn in der Vision der Heiligsten Dreifaltigkeit und der Muttergottes von Fatima die Worte „Gnade und Barmherzigkeit“ auf den Altar zulaufen, erinnert dies an die Offenbarungen Jesu an die polnische Klosterfrau Schwester Faustyna Kowalska, die zur selben Zeit den Auftrag erhält, als „Sekretärin der Barmherzigkeit“ die Botschaft von der Barmherzigkeit Gottes zu verkünden: „Verkünde, dass Barmherzigkeit die größte Eigenschaft Gottes ist. Alle Werke Meiner Hände sind durch Barmherzigkeit gekrönt“ (TB 301). Immer wieder versichert der Herr Schwester Faustyna: „Meine Sekretärin, schreibe, dass Ich den Sündern gegenüber freigiebiger bin als Gerechten. Für sie bin Ich auf die Erde herabgekommen … für sie habe Ich Blut vergossen; sie sollen sich nicht fürchten, sich Mir zu nähern; sie brauchen Meine Barmherzigkeit am nötigsten“ (TB 1275). – „Im Alten Testament habe Ich zu Meinem Volk Propheten mit Blitz und Donner gesandt. Heute sende ich dich zu der ganzen Menschheit mit Meiner Barmherzigkeit. Ich will die wunde Menschheit nicht strafen, sondern sie gesund machen, sie an Mein barmherziges Herz drücken. Von Strafen mache Ich Gebrauch, wenn sie mich selbst dazu zwingen; Meine Hand greift nicht gern nach dem Schwert der Gerechtigkeit. Vor dem Tage der Gerechtigkeit sende Ich den Tag der Barmherzigkeit“ (TB 1588). In jüngster Vergangenheit hat Papst Franziskus mit der Ausrufung des außerordentlichen Heiligen

Jahres der Barmherzigkeit (8. Dezember 2015 – 20. November 2016) der Kirche und der Welt den Weg gezeigt, auf dem wir heute Christus finden können, der das „sichtbare Antlitz des unsichtbaren Vaters" ist und uns den Gott offenbart, „der seine Allmacht vor allem in der Vergebung und in der Barmherzigkeit zeigt" (Jubiläumsgebet).

Wie sie bereits im 2. Geheimnis von Fatima angekündigt hatte, bittet die Gottesmutter um die Weihe Russlands an ihr Unbeflecktes Herz. Schwester Lucia unternimmt alle Anstrengungen, um den Papst die Bitten der Muttergottes zu unterbreiten. Der Heilige Vater soll Russland dem Herzen Mariens weihen und die Verehrung des Unbefleckten Herzens mit der Sühneübung der ersten fünf Samstage fördern. Die Seherin von Fatima schreibt ihrem Beichtvater und bittet ihn, ihre Visionen an den Heiligen Vater weiterzuleiten. Immer wieder wendet sie sich in den folgenden Jahren an den Papst. Am 13. Mai 1931 kommen die portugiesischen Bischöfe diesen Bitten nach und weihen ihr Heimatland feierlich dem Unbefleckten Herzen Mariens. Diese Weihe wurde 1938 anlässlich einer großen Dankeswallfahrt nach Fatima erneuert, als die portugiesische Kirche der Gottesmutter dafür dankte, vor der kommunistischen Revolution bewahrt worden zu sein. 1937 wendet sich der Bischof von Leiria an den Papst: „Diese Schwester bittet mich, Ihrer Heiligkeit mitzuteilen, dass der gute Gott nach einer himmlischen Offenbarung verspricht, die Verfolgung in Russland zu beenden, wenn Ihre Heiligkeit zusammen mit allen Bischöfen der katholischen Welt einen feierlichen und öffentlichen Sühneakt und die Weihe Russlands an die Heiligsten Herzen Jesu und Mariens vollzieht sowie die Übung der Sühneandacht der fünf ersten Samstage approbiert und empfiehlt.“ Nachdem der Papst auf diese Bitte nicht reagiert, veröffentlicht der Bischof von Leiria zwei Jahre später, unter dem Pontifikat Pius' XII., die Andacht der fünf ersten Samstage. Die zögerliche Haltung des Papstes ruft den Unwillen des Himmels hervor: *Viel später beklagte sich Unsere Liebe Frau mittels einer intimen Mitteilung: Wollten sie meiner Bitte kein Gehör schenken? ... Wie der König von Frankreich werden sie bereuen, aber es wird zu spät sein. Russland wird seine Irrlehren über die Welt verbreiten, Kriege und Verfolgungen der Kirche hervorrufen. Der Heilige Vater wird zu leiden haben (Bd. 1, Anhang 2).*

Der „König von Frankreich“ bezieht sich auf die Visionen der heiligen Margareta Maria Alacoque, in denen u. a. gefordert wurde, die französischen Könige sollten sich dem Heiligsten Herzen Jesu weihen. Doch Ludwig XIV. ging auf diese Bitten nicht ein. Es ist unklar, ob sie ihn überhaupt erreichten. Erst Ludwig XVI. fasste 1792 – bereits im Gefängnis – den Vorsatz, sich dem Herzen Jesu zu weihen, aber es war zu spät. Er endete auf der Guillotine.

Die Päpste und Fatima

(Die Jahresangaben in den Klammern geben die Dauer des jeweiligen Pontifikats an.)

Benedikt XV. (1914–1922)

Unter dem Pontifikat des „Friedenspapstes" des Ersten Weltkriegs ereignen sich die Erscheinungen der Muttergottes in Fatima. Er äußerte sich nie dazu und überließ es – wie in der Kirche üblich – zunächst dem Ortsbischof, die angeblichen Erscheinungen zu untersuchen und ihre Echtheit zu prüfen. Nach langer, sorgfältiger Prüfung wird erst am 13. Oktober 1930 die offizielle Anerkennung durch den Bischof von Leiria ausgesprochen, der die Erscheinungen vom 13. Mai bis zum 13. Oktober 1917 für glaubwürdig erklärt und die Verehrung Unserer Lieben Frau von Fatima offiziell gestattet.

Pius XI. (1922–1939)

Auch der Nachfolger Benedikts XV. äußerte sich nicht offiziell zu den Erscheinungen von Fatima. Aber auf indirekte Weise interessiert sich Pius XI. für den portugiesischen Wallfahrtsort. 1926 besucht der Nuntius, der diplomatische Vertreter des Papstes in Portugal, überraschend den Erscheinungsort.

Dort betet er, hält eine Ansprache für die anwesenden Gläubigen und lobt die Verehrung der Gottesmutter. 1927 gibt der Papst den Priestern die Erlaubnis, Wallfahrtsgruppen nach Fatima zu begleiten, und gewährt Ablässe für die Pilger und freiwilligen Wallfahrtshelfer (Servitas).

Pius XII. (1939–1958)

Pius XII. ist als „Fatima-Papst" in die Geschichte eingegangen. Auf vielfältige Weise ist sein Pontifikat mit den Erscheinungen von Fatima verbunden. Das beginnt bereits mit seiner Bischofsweihe, die am 13. Mai 1917 stattfindet. Dies war für den Papst immer ein „großes und fantastisches Datum in Unserem Leben". In ihren zahlreichen Briefen an ihre Beichtväter ersucht Schwester Lucia immer drängender den Heiligen Vater, den Bitten der Muttergottes nachzukommen. Schließlich gibt der Bischof ihr 1940 die Erlaubnis, sich direkt an den Papst zu wenden. Diese Initative hatte Erfolg. Am 31. Oktober 1942 wendet sich der Papst aus Anlass des 25. Jahrestages der Erscheinungen in einer Radiobotschaft an das portugiesische Volk und vollzieht die Weihe der Welt an das Unbefleckte Herz Mariens. Diese Weihe wurde am 8. Dezember im Petersdom feierlich wiederholt. Am 13. Oktober 1942 stiftete eine Initiative der Frauen Portugals eine kostbare Krone für das Gnadenbild von Fatima. Am Ende des Zweiten Weltkriegs entscheidet Pius XII., die Statue der

Muttergottes von Fatima mit dieser Krone krönen zu lassen – eine große Auszeichnung, die nur den bedeutendsten Gnadenbildern der Welt zuteil wird. Am 13. Mai 1946 konnte der päpstliche Legat Kardinal Masella diesen feierlichen Akt in Fatima vollziehen. Am Ende der Feier grüßte Pius XII. über das Radio die versammelten Pilger. Noch heute trägt die Muttergottesfigur von Fatima diese Krone am 13. der Monate Mai bis Oktober. Vier Jahre später ruft der Papst das Heilige Jahr aus, das unter dem Leitwort des Friedens stehen soll. Nicht zufällig soll der offizielle Abschluss dieses Heiligen Jahres in Fatima stattfinden. Pius XII., der bisher letzte Papst, der von seiner Unfehlbarkeit Gebrauch machte, proklamierte mit der Apostolischen Konstitution „Munificentissimus Deus" am 1. November 1950 die leibliche Aufnahme Mariens in den Himmel als Dogma. Dieser marianische Papst wird immer tiefer in das Geheimnis von Fatima hineingeführt. Er berichtete Kardinal Tedeschini, dass er persönlich mehrfach Zeuge eines Sonnenwunders wurde: „Es war am 30. Oktober 1950, der Vorvigil des Tages der feierlichen Definition der Aufnahme der Allerheiligsten Maria in den Himmel, der so sehnsüchtig von der katholischen Welt erwartet wurde. Ungefähr um 16 Uhr hielt ich meinen gewohnten Spaziergang in den Vatikanischen Gärten. Ich las und studierte, wie es meine Gewohnheit war, einige offizielle Briefe. Ich ging vom Platz Unserer Lieben Frau von Lourdes zum Gipfel des Hügels entlang der Mauer durch die Allee. An einem bestimmten Punkt hob ich meinen Blick von den Blättern in meinen Händen und wurde gebannt durch ein Phänomen, das ich bis dahin noch nie wahrgenommen hatte. Die Sonne, die noch ziemlich hoch am Himmel stand, zeigte sich mir wie eine gelbe Kugel. Sie war umgeben von einem Lichtkranz, der mich in keiner Weise hinderte, ganz natürlich in die Sonne zu blicken. Davor war ein kleiner Nebel. Die dunkle Kugel bewegte sich leicht, entweder im Kreise oder von links nach rechts und umgekehrt. Im Innern der Kugel sah man ganz klar und ohne Unterbrechungen ganz starke Umwälzungen. Dasselbe Phänomen wiederholte sich am folgenden Tag, dem 31. Oktober, wie auch am 1. November, dem Tag der Dogmatisierung, und endlich am Oktavtag des Hochfestes." Der Heilige Vater hat diese Vision als Bestätigung des feierlichen Dogmas von der leiblichen Aufnahme Mariens in den Himmel verstanden.

Am 7. Juli 1952 erneuerte Pius XII. die Weihe der Welt an das Unbefleckte Herz Mariens, diesmal ausdrücklich unter Einschließung „aller Völker Russlands". Zum Abschluss des Marianischen Jahres 1954 (Hundertjahrfeier des Dogmas von der Unbefleckten Empfängnis) führt der Papst das Fest „Maria Königin" ein, das heute am 22. August gefeiert wird.

Johannes XXIII. (1958–1963)
Der Papst, der das II. Vatikanische Konzil einberufen hat, war bereits als Patriarch von Venedig 1956 als Pilger in Fatima, anlässlich des 25. Jahrestages der Weihe Portugals an das Unbefleckte Herz Mariens. Gerne erinnerte er sich später „mit bewegter Seele“ an diese geistliche Erfahrung. 1961 erinnert Johannes XXIII. in einem Brief an Kardinal Cerejeira an „die Einladung der himmlischen Mutter zu Gebet und Buße“ und bittet ihn, „er möge wohlwollend die brennende, gemeinsame Bitte um die Ausbreitung des Reiches Gottes … und das II. Ökumenische Vatikanische Konzil aufnehmen“.

Mitten während des Konzils starb Johannes XXIII. am 3. Juni 1963. Papst Franziskus sprach Johannes XXIII. am 27. April 2014 heilig.

Paul VI. (1963–1978)
Der am 19. Oktober 2014 von Papst Franziskus seliggesprochene Paul VI. gilt vielen als eigentlicher „Konzilspapst“, hatte er doch schon vor seiner Papstwahl das Konzil maßgeblich begleitet und konnte es als neuer Pontifex maximus abschließen. Während des Konzils erreichte ihn ein von 500 in Rom anwesenden Bischöfen unterzeichneter Brief mit der Bitte, die von Unserer Lieben Frau von Fatima geforderte Weihe vorzunehmen. Am 21. November 1964 erklärt Paul VI. die allerseligste Jungfrau Maria zur „Mutter der Kirche“ und erfleht von ihr den Segen

für das Ökumenische Konzil und die ganze Kirche. Der Papst erinnert die Bischöfe daran, dass bereits Pius XII. die Weihe der Welt vorgenommen hat. Er beendet seine Ansprache mit den Worten: „Deinem Unbefleckten Herzen, o Maria, empfehlen wir endlich das gesamte Menschengeschlecht. Führe es zur Erkenntnis des einzigen und wahren Erlösers, Jesus Christus. Nimm von ihm die Geißel, die durch die Sünde verursacht wird. Gib der ganzen Welt den Frieden in der Wahrheit, in der Gerechtigkeit, in der Freiheit und der Liebe.“ Eine besondere Auszeichnung des Papstes ist die „Goldene Rose“, eine Art Orden, der von Päpsten an bedeutende, verdiente Persönlichkeiten, aber auch an Kirchen, Städte, Länder, Politiker oder Wallfahrtsorte verliehen wird. Am 13. Mai 1965 kann im Auftrag Pauls VI. Kardinal Cento die Goldene Rose dem Heiligtum von Fatima übergeben. 1966 werden Überlegungen angestellt, den Papst zum 50. Jubiläum der Erscheinungen 1967 nach Fatima einzuladen. Der Papst zögert zunächst – es gibt politische Bedenken (Portugal ist noch eine Kolonialmacht, die Politik der Regierung wird in manchen katholischen Kreisen stark kritisiert, ein Besuch des Papstes könnte als Unterstützung für die falsche Seite missverstanden werden). Doch inmitten des Wettrüstens des Kalten Krieges, des Genozids und der Hungerkatastrophe in Biafra und der Schrecken des Vietnamkriegs hat die Bitte um Frieden die Priorität des

Papstes. So bricht der Heilige Vater am 13. Mai 1967 zu einem streng pastoralen Kurzbesuch (er dauert nur einen Tag) nach Fatima auf. Etwa eine Millionen Pilger werden Zeugen, wie der Papst in Fatima um Frieden betet und die Menschen auf der ganzen Welt aufruft, zu Erbauern des Friedens zu werden. Schwester Lucia darf zu diesem Anlass die strenge Klausur ihres Karmels in Coimbra verlassen und zeigt sich der jubelnden Menge an der Seite Pauls

VI. Gerne möchte sie ihn persönlich sprechen, doch der Papst fertigt die Seherin ab: „Wende dich an deinen Bischof!“ Wie Vertraute des Papstes später berichten, habe dieser „eine Art allgemeiner Abneigung gegen Seher gehabt. Er verteidigte die Ansicht, dass wenn sich einmal die Offenbarung erfülle, die Kirche diese Dinge nicht mehr brauche, denen man ein übertriebenes Gewicht gebe.“

Johannes Paul II. (1978–2005)

Nach einer nur einmonatigen Amtszeit starb Johannes Paul I., der Nachfolger Pauls VI., 1978 völlig überraschend. Sein Nachfolger wurde Karol Józef Wojtyła, Johannes Paul II. Der marianische Papst wählt als Wahlspruch „Totus Tuus“ (Ganz dein). Ganz im Sinne des heiligen Ludwig Maria Grignion hat er sein eigenes Leben, sein Wirken als Priester, Bischof, Kardinal und Papst der Muttergottes geweiht. Er bringt frischen Wind in den Vatikan und die Weltkirche, indem er eine ausgeprägte Reisetätigkeit aufnimmt. 1980 bereist er den afrikanischen Kontinent, Brasilien, Frankreich und Deutschland. Im nächsten Jahr stehen Afrika und der Ferne Osten auf dem Programm. Doch das Attentat vom 13. Mai 1981 verhindert diese Pläne. Um 17:17 Uhr feuert der türkische Rechtsextremist Mehmet Ali Ağca aus nächster Nähe mindestens zwei Pistolenschüsse auf Johannes Paul II. ab, der im offenen Papamobil durch die auf dem Petersplatz versammelte

Menschenmenge fährt. Der Heilige Vater wird an der Schulter und der linken Hand getroffen, eine Kugel dringt in seinen Unterleib ein. Johannes Paul II. ist sicher, dass die mütterliche Hand Mariens die Flugbahn der Kugeln so gelenkt hat, dass die Schüsse keine lebenswichtigen Verletzungen verursachen. Einem Freund vertraut er an: „Ich verdanke mein Leben Unserer Lieben Frau von Fatima." Am 7. Juni 1981 lässt der vom Attentat genesende Papst Johannes Paul II. in der Basilika Santa Maria Maggiore einen von ihm selbst verfassten „Vertrauensakt" verlesen, mit dem die Welt dem Unbefleckten Herzen Mariens geweiht werden soll. Aus Dankbarkeit für die Rettung aus Todesgefahr und aus Sorge um die Erneuerung der nachkonziliaren Kirche beschließt der Papst, am 12. Mai 1982 selbst nach Fatima zu pilgern und die Weiheakte von Pius XII. und Paul VI. in geistlicher Einheit mit allen Bischöfen der Welt zu erneuern. Bei seinem Besuch legt Johannes Paul II. der Muttergottesfigur von Fatima einen goldenen Rosenkranz in die Hand und spricht das Weihegebet, mit dem „diese Welt der Menschen und Völker" dem Unbefleckten Herzen Mariens übergeben wird. Bei seinem Besuch hat Schwester Lucia die Gelegenheit, Johannes Paul II. zu treffen und mit ihm zu sprechen. Doch obwohl der Papst alles unternommen hatte, um die Bitte der Gottesmutter zu erfüllen, ist Schwester Lucia noch nicht zufrieden. Sie lässt dem Heiligen Vater ausrichten,

dass die Weihe nicht in der richtigen Weise vorgenommen worden sei, weil die Bischöfe der Welt bloß über das Anliegen des Papstes unterrichtet worden seien. Es wäre aber notwendig, sie förmlich einzuberufen und die Weihe in echter geistlicher Einheit mit ihnen zu vollziehen. Johannes Paul II. möchte dem Willen der Gottesmutter exakt entsprechen. Am 8. Dezember 1983 lädt er die Bischöfe der Welt ein, im kommenden Heiligen Jahr der Erlösung mit ihm gemeinsam am 25. März 1984, dem Fest der Verkündigung des Herrn, den Weiheakt zu erneuern. Zu diesem Zweck wurde die Statue der Muttergottes von Fatima nach Rom gebracht. Nach der heiligen Messe trägt der Papst vor der mit der Krone und dem goldenen Rosenkranz geschmückten Figur den „Weiheakt der Welt und der Völker" an Unsere Liebe Frau von Fatima vor. In den folgenden Tagen überreicht der Papst dem Bischof von Leiria eine der Kugeln, die ihm beim Attentat verletzten. Später wird die Kugel in die kostbare Krone des Gnadenbildes eingefügt.

10 Jahre nach dem Attentat pilgert Johannes Paul II. wieder nach Fatima, um Unserer Lieben Frau nicht nur für ihre schützende Hand bei dem Attentat, sondern auch für die Veränderungen in Europa, den Fall des Eisernen Vorhangs und den Niedergang des Kommunismus zu danken. Auch bei diesem Besuch hat die mittlerweile 84 Jahre alte Schwester Lucia die Gelegenheit, den Heiligen Vater zu treffen.

Im Jahr 2000 reiste Johannes Paul II. erneut nach Fatima, um die zwei bereits 1919 und 1920 verstorbenen Seherkinder Jacinta und Francisco seligzusprechen. Auf dieser seiner letzten Fatimareise kündigte er auch die daraufhin bald erfolgte

Veröffentlichung des dritten Teils des Geheimnisses von Fatima an. Am 27. April 2014 wurde Johannes Paul II. von Papst Franziskus heiliggesprochen.

Benedikt XVI. (2005–2013)

Papst Benedikt XVI. verfasste im Jahr 2000, damals noch Präfekt der Glaubenskongregation, die vatikanische Erläuterung zum dritten Geheimnis von Fatima. Als Papst würdigte er die Marienstätte dann am 13. Mai 2010 mit einem Besuch anlässlich des 93. Jahrestages der Erscheinungen und des 10. Jahrestages der Seligsprechung der Hirtenkinder von Fatima, Jacinta und Francisco. In seiner Predigt sagte der Heilige Vater: „Wer glaubt, dass die prophetische Mission Fatimas beendet sei, der irrt sich. Hier an diesem Ort wird jener Plan Gottes wieder lebendig, der die Menschheit seit frühesten Zeiten mit der Frage konfrontiert: ‚Wo ist dein Bruder Abel? … Das Blut deines Bruders schreit zu mir vom Ackerboden' (Gen 4,9). Dem Menschen ist es gelungen, einen Kreislauf des Todes und des Schreckens zu entfesseln, den er nicht mehr zu durchbrechen vermag … In der Heiligen Schrift ist häufig davon die Rede, dass Gott nach Gerechten sucht, um die Stadt der Menschen zu retten, und ebendies tut er hier, in Fatima, wenn die Muttergottes die Frage stellt: ‚Wollt ihr euch Gott hingeben, um alle Leiden ertragen zu können, die er euch aufzubürden gedenkt, als Sühne für die Sünden, durch die er

geschmäht wird, und als flehentliche Bitte um die Bekehrung der Sünder?'"

Im Mai 2016 wurde in den Medien Gerüchte kolportiert, Joseph Ratzinger habe als Präfekt der Glaubenskongregation kurz nach der Veröffentlichung der „Geheimnisse von Fatima" eingeräumt, einige Inhalte des Geheimnisses zurückgehalten zu haben. So soll es in naher Zukunft „ein schlechtes Konzil und eine schlechte Messe" geben. Der emeritierte Papst ließ das vatikanische Presseamt mitteilen, dass solche Spekulationen „reine Erfindungen" und „absolut nicht wahr" seien.

Franziskus (seit 2013)

Papst Franziskus ist als großer Marienverehrer bekannt. Es ist vielleicht nur eine Zahlenspielerei, aber Franziskus wurde am 13. 3. 2013 (Quersumme 13!) zum 265. (Quersumme 13!) Nachfolger des ersten Papstes gewählt. Und er ist am 13. Dezember 1969 zum Priester geweiht worden. Bei seiner Wahl war der Papst 76 (Quersumme 13!) Jahre alt. Jedenfalls führte ihn seine erste kleine Reise am Tag nach der Wahl zum Bischof von Rom in die Basilika Santa Maria Maggiore zur Muttergottes. Die geistige Nähe des neuen Papstes zur Muttergottes von Fatima zeigte sich auch in seinem an den portugiesischen Kardinal José da Cruz Policarpo geäußerten Wunsch, dieser möge sein Pontifikat der Jungfrau von Fatima weihen. Der Lissaboner Patriarch gab

diese Bitte des Papstes beim 181. Treffen der portugiesischen Bischöfe Anfang April 2013 bekannt: „Papst Franziskus hat mich zweimal darum gebeten, dass ich seinen neuen Dienst Unserer Lieben Frau von Fatima weihe. Dies ist ein Auftrag, den ich im stillen Gebet erfüllen könnte. Doch es wäre schön, wenn sich die ganze Bischofskonferenz vereinigen könnte, um diese Bitte zu verwirklichen. Maria wird uns in all unserer Arbeit leiten und auch in der Form, diesen Wunsch von Papst Franziskus zu erfüllen." Die Weihe des Pontifikates wurde öffentlich innerhalb einer internationalen Pilgerveranstaltung am 13. Mai 2013 in Fatima, genau zur Erscheinungsstunde, vollzogen. Das hundertjährige Jubiläum der Erscheinungen wird ein Jahr lang gefeiert, vom 27. November 2016 bis zum 26. November 2017. Für diesen Zeitraum gewährte Papst Franziskus einen vollkommenen Ablass für alle, die eine Wallfahrt zum Heiligtum von Fatima unternehmen oder an den Jahrestagen der Erscheinung ein öffentlich zur Verehrung ausgestelltes Bild Unserer Lieben Frau von Fatima besuchen und dort am Gottesdienst oder einem Gebet zu Ehren der Jungfrau Maria teilnehmen. Alte und kranke Gläubige können den Ablass gewinnen, wenn sie vor dem Bild Unserer Lieben Frau von Fatima beten und sich an den Tagen der Erscheinungen geistlich mit den Jubiläumsfeiern vereinen. Um den vollkommenen Ablass gewinnen zu können, müssen außerdem die gewöhnlichen Bedingungen erfüllt werden: Beichte, Kommunion und Gebet nach Meinung des Heiligen Vaters.

Der Papst wird persönlich an der Feier des 100. Jubiläums der Erscheinung der Señora teilnehmen: Am 12. und 13. Mai 2017 ist Franziskus der vierte Papst, der den Weg zur Cova da Iria findet.

Die Wallfahrt von Fatima

Bereits 1917, während die Erscheinungen an der Cova da Iria noch andauern, beginnt die Wallfahrt nach Fatima. Immer mehr Menschen suchen den Gnadenort auf. Im Juli oder August 1917 wurde bei der Steineiche nach Landessitte ein mit Girlanden und Lampions verzierter hölzerner Torbogen errichtet. Auf einem mit Blumen und Kerzen geschmückten Tisch wurden Spenden gesammelt. Antikirchliche Kreise versuchen von Anfang an, diese Wallfahrt zu sabotieren. 10 Tage nach dem Sonnenwunder wollen Aktivisten der Freimaurerloge von Santarém die berühmte Steineiche fällen, aber sie irren sich und hauen den falschen Baum um. Solche Aktionen erreichten nicht ihr Ziel, im Gegenteil: Kirchen- und religionsfeindliche Propaganda und Vandalismus führten nur zu Empörung der immer größer werdenden Schar der Gläubigen und stärkten die Wallfahrt.

Auf Bestreben der Gläubigen begann man 1918 mit dem Bau einer kleinen Kapelle, die ein Jahr später fertiggestellt wurde. Die Kirche ist dabei zunächst sehr zurückhaltend. Der Ortspfarrer gibt sich reserviert, der Bischof weiht die Kapelle nicht ein und gibt auch nicht die Genehmigung, dort die heilige

Messe zu feiern. Aber das Volk lässt sich davon nicht irritieren und betet auch ohne bischöfliche Erlaubnis. 1920 wird die von José Ferreira Tedim geschaffene, berühmte Muttergottesstatue in der Kapelle aufgestellt. 1922 wird ein weiteres Attentat auf den Erscheinungsort verübt: In der Nacht vom 5. auf den 6. Juni wurde die Kapelle durch vier Sprengsätze schwer beschädigt, ein fünfter am Stumpf der Steineiche (der Baum wurde von Reliquien- und Andenkenjägern sämtlicher Äste und Zweige beraubt) erweist sich als Blindgänger. Das Volk ist aufgebracht. Nun gibt der Bischof die Erlaubnis zur Errichtung einer neuen Kapelle, 1924 kann erstmals die hl. Messe am Gnadenbild gefeiert werden.

Dem Bischof von Fatima lag nicht nur das Schicksal Lucias am Herzen, er beobachtete auch die Entwicklung der Wallfahrtsstätte von Anfang an sehr genau. 1921 ließ er ein großes Stück Land um die Cova da Iria ankaufen. Im selben Jahr unternahm er einen ersten, privaten Besuch und erkannte ein großes Problem: die Trockenheit jener Gegend. Die nächste Quelle war 12 Kilometer entfernt, die Bauern pflegten das Regenwasser in Zisternen zu sammeln. An einer dieser Zisternen im Garten der Familie dos Santos fand die zweite Erscheinung des Schutzengels Portugals 1916 statt. So ließ der Bischof nach einer Quelle graben und tatsächlich sammelte sich nach kurzer Zeit ausreichend Wasser. Die Señora hat uns eine Quelle geschenkt! Das fromme Volk war sich sicher, dass die Muttergottes selbst für eine Quelle gesorgt hat. Unweit von ihr wurden später noch zwei weitere Quellen entdeckt. Viele wunderbare Heilungen werden mit dem Wasser der Quelle in Verbindung gebracht.

An dem Ort, an dem Lucia, Francisco und Jacinta am 13. Mai 1917 ein Spielhäuschen errichten wollen, erhebt sich heute die Basilila Unserer Lieben Frau vom Rosenkranz. Die Kirche wurde 1953 geweiht, ein Jahr später wurde ihr von Pius XII. der Ehrentitel einer Basilika verliehen. An die aus dem weißen Kalkstein der Umgebung erbauten Kirche schließen sich die Kolonnaden an, ein Säulengang mit 200 Säulen und Halbsäulen und 14 Altären. Vor der Basilika erstreckt sich der Pilgerplatz, dessen Ausmaße den Petersplatz in Rom übertreffen und der als größter Kirchenvorplatz der Welt gilt: Er fasst über 500.000 Pilger.

Das Herzstück des Heiligtums ist die nach außen offene Erscheinungskapelle mit dem Gnadenbild von Fatima, das auf einer Säule an genau der Stelle steht, wo 1917 die Muttergottes erschienen ist. Wenige Meter daneben steht die letzte verbliebene Steineiche, ein über 100 Jahre alter Baum, unter dem die Seherkinder das Erscheinen der Muttergottes erwarteten, während sie den Rosenkranz beteten.

Seit 1973 gab es Überlegungen, eine neue, größere Kirche für die ständig anwachsende Schar der

Pilger zu errichten. Am 6. Juni 2004, dem Dreifaltigkeitssonntag, wurde der Grundstein gelegt. Am 12. Oktober 2007 konnte Kardinal Bertone im Auftrag Papst Benedikts XVI. am 90. Jahrestag der Erscheinungen die Kirche zur Heiligsten Dreifaltigkeit einweihen. 2012 wurde ihr der Rang einer Basilika zuerkannt. Die 18 Meter hohe kreisrunde Kirche verfügt über 8633 Sitzplätze, im Altarraum ist Platz für 100 Konzelebranten.

Die Wallfahrt von Fatima erlebt ihren Höhepunkt jedes Jahr von Mai bis Oktober. Vom 12. bis zum 13. jedes Monats kommen die Pilger zur Cova da Iria, besonders am 13. Mai und am 13. Oktober finden sich manchmal mehr als 500.000 Pilger ein; viele von ihnen legen den Weg zur Erscheinungskapelle auf Knien zurück – ein eindrucksvolles Bild. Die ganze Nacht hindurch wird gebetet und gesungen, die Statue der Muttergottes von Fatima in einer großen Prozession über den Platz getragen, anschließend findet eine nächtliche Anbetung des Altarssakraments statt. Am nächsten Morgen schließen sich Messfeiern und eine Prozession mit dem Gnadenbild an. Nach dem Hauptgottesdienst werden die Kranken gesegnet. Auch wenn es in Fatima kein ärztliches Büro wie in Lourdes gibt, das Krankenheilungen dokumentiert, wird doch von unzähligen Menschen berichtet, die auf wunderbare Weise von ihren oft schwersten Krankheiten geheilt wurden. Gegen Mittag wird die Figur

der Muttergottes zurück zur Erscheinungskapelle getragen. Hunderttausende von Pilgern heben ihre Hände und winken mit weißen Tüchern: „Auf Wiedersehen, Jungfrau! Fatima, Adé!“

Wenn der Himmel die Erde berührt

Fatima? Erscheinungen der Muttergottes? Besondere Botschaften vom Himmel? Muss ich daran glauben? Die erstaunliche Antwort auf diese Frage lautet: Nein! Ich kann als ganz normaler katholischer Christ in der Gemeinschaft der Kirche leben, ohne daran zu glauben, dass die Muttergottes tatsächlich im Jahr 1917 einfachen Hirtenkindern erschienen ist. Ich muss nicht in Fatima in der Lichterprozession meine Kerze tragen und aus voller Kehle das Lied vom „dreizehnten Maien" singen. Ich muss nicht daran glauben, dass das Sonnenwunder wirklich stattgefunden hat. All das ist keine Frage des Müssens, sondern eine Frage des Dürfens. Fatima, Lourdes und all die anderen wunderbaren Erscheinungen der Muttergottes, der Engel und Heiligen, von denen immer wieder berichtet wurde und wird, sind dem katholischen Christen Kür, nicht Pflicht. Denn alles, was wir wissen *müssen*, um als Christen leben zu können, hat uns Gott bereits mitgeteilt: „Durch einen ganz freien Entschluss offenbart und schenkt sich Gott dem Menschen, indem er sein innerstes Geheimnis enthüllt, seinen gnädigen Ratschluss, den er in Christus für alle Menschen von aller Ewigkeit her gefasst hat. Er enthüllt seinen Heilsplan vollständig, indem er seinen geliebten Sohn, unseren Herrn Jesus Christus, und den Heiligen Geist sendet“ (KKK 50).

Offenbarung, Selbstmitteilung Gottes bedeutet: Gott offenbart sich nach und nach dem Volk Israel und zeigt ihm seinen Willen. Der Höhepunkt der Offenbarung Gottes ist seine Menschwerdung in Jesus Christus. Mit Christus und den Aposteln ist die Offenbarung Gottes abgeschlossen. Sie ist gegenwärtig in der Kirche und ihren Sakramenten und kann nicht mehr ergänzt oder verbessert werden. Es ist aber möglich, dass Gott sich daneben einem Einzelnen offenbart, sei es, um einen bestimmten Aspekt der allgemeinen Offenbarung zu betonen, sei es, um in einer bestimmten Situation zu einer Entscheidung zu raten. In einer Privatoffenbarung können Jesus, die Heiligen, Engel oder die Gottesmutter in übernatürlicher Weise erscheinen. Berühmte Privatoffenbarungen neben Fatima sind z. B. die der Gottesmutter im französischen Lourdes an Bernadette Soubirous (1858) oder an den Indio Juan Diego Cuauhtlatoatzin in Mexico (1531). Die Kirche steht solchen Privatoffenbarungen zunächst sehr kritisch gegenüber. Sorgfältig wird in einem aufwendigen Verfahren geprüft, ob eine Erscheinung und die etwa damit verbundene Botschaft mit dem katholischen Glauben übereinstimmt und ob sie einen übernatürlichen Ursprung

hat. Gelangt die Kirche zu einem positiven Urteil, steht es den Katholiken frei, an diese Privatoffenbarung zu glauben und sie für das eigene Glaubensleben fruchtbar zu machen. Die Privatoffenbarungen „sind nicht dazu da, die endgültige Offenbarung Christi zu ‚vervollkommnen' oder zu ‚vervollständigen', sondern sollen helfen, in einem bestimmten Zeitalter tiefer aus ihr zu leben" (KKK 67).

Viele Privatoffenbarungen haben das Leben der Kirche bereichert – Lourdes und Fatima sind heute bedeutende Wallfahrtsorte, die unzählige Pilger anziehen. Manche Privatoffenbarungen haben die Liturgie und Volksfrömmigkeit belebt, so bildeten die mystischen Erfahrungen der Juliana von Lüttich (1192–1258) eine Anregung für die Einführung des Fronleichnamsfestes; die Offenbarungen an Marguerite-Marie Alacoque (1647–1690) regten die Herz-Jesu-Verehrung an und führten zur Einführung des Herz-Jesu-Festes, das auch heute noch am Freitag der dritten Woche nach Pfingsten gefeiert wird.

Privatoffenbarungen gehören in den Bereich der Mystik – Erfahrungen, die das gewöhnliche Bewusstsein und die verstandesmäßige Erkenntnis übersteigen und eine unmittelbare Erfahrung der göttlichen Wirklichkeit bedeuten. Mystik im Sinne einer Suche nach unmittelbaren Erfahrungen des Göttlichen oder Transzendenten gibt es in fast allen Religionen. Im Christentum ist sie zunächst eher selten anzutreffen. Das Neue Testament vertritt eine nüchterne Glaubenshaltung. Ziel des christlichen Lebens ist es nicht, Gott in mystischer Weise zu schauen, sondern in nüchterner, wachsamer Weise an ihn zu glauben. Anstatt hier und jetzt in der beseligenden Anschauung Gottes zu versinken, gilt es, auf die Ewigkeit zu hoffen. Der Apostel Paulus lässt zwar anklingen, dass er auch solche mystischen Erfahrungen gemacht hat (2 Kor 12,2ff.), ist aber sehr darauf bedacht, ein Streben nach solchen Erfahrungen nicht zu fördern – nicht auf Weltentrücktheit kommt es an, sondern auf das apostolische Handeln.

Aber Gottes Wege sind nicht einförmig – immer wieder hat es in der Geschichte der Kirche einzelne Personen gegeben, denen Gott solche unmittelbaren, unsere normalen Sinne und unseren Verstand übersteigenden Erfahrungen geschenkt hat. Sie werden z. B. berichtet von Franziskus, Birgitta von Schweden oder Katharina von Siena. Mystische Erfahrungen drängten Heilige, sich für die Reform der Kirche einzusetzen, wie es z.B. bei Ignatius von Loyola, Theresia von Ávila oder Johannes vom Kreuz der Fall gewesen ist. Ein eigenes Kapitel bildet die sog. „Deutsche Mystik", die im 13. und 14. Jahrhundert ihren Höhepunkt hatte und eine regelrechte, vom Dominikanerorden geförderte Bewegung bildete, in deren Zentrum die Erfahrung der „Vereinigung der

Seele mit Gott" stand und die sich vor allem in den Klöstern, aber auch unter den Laien und im Weltklerus ausbreitete. Im Hintergrund dieser geistigen Bewegung stand oft der Einsatz gegen die Verweltlichung der mittelalterlichen Kirche und gegen die Verwirrungen, die durch zahlreiche Irrlehren entstanden. Berühmte Vertreter der „deutschen Mystik" sind z. B. Hildegard von Bingen, Juliana von Lüttich, Mechthild von Magdeburg, Meister Eckehart, Johannes Tauler, Heinrich Seuse und – als letzter großer Vertreter im 15. Jahrhundert – Nikolaus von Flüe.

Zu den bekannten Mystikern des 19. und 20. Jahrhunderts gehört die 2004 seliggesprochene Anna Katharina Emmerick (1774–1824), eine Trägerin der Wundmale Christi, die über zwölf Jahre in mystischen Visionen die Passion Christi durchlitt und Ereignisse aus der biblischen Geschichte sah. Der Dichter Clemens Brentano zeichnete ihre Visionen auf und verfasste vier Bücher darüber. Auch die Magd Therese Neumann (Resl von Konnersreuth, 1898–1962) trug die Stigmata und nahm jahrelang außer der heiligen Kommunion nichts zu sich. Ihr Seligsprechungsverfahren wurde 2005 eröffnet. Vor allem in Italien wird Pater Pio von Pietrelcina (1887–1968) verehrt. Der 2002 heiliggesprochene Kapuziner trug die Wundmale Christi und besaß verschiedene Charismen wie die Heilung von Kranken, die Fähigkeit der Bilokation (er konnte an zwei Orten gleichzeitig anwesend sein) und der Seelenschau (bei der Beichte konnte er die Sünden des Beichtenden erkennen). Schießlich zählt auch die im Heiligen Jahr 2000 heiliggesprochene polnische Ordensschwester Maria Faustyna Kowalska (1905–1938), der in ihren Visionen aufgetragen wurde, die Botschaft von der Barmherzigkeit Gottes zu verkünden und der wir das berühmte Bild des Barmherzigen Jesus verdanken, zu den großen Mystikern unserer Zeit.

Mystik und Privatoffenbarungen – das sind für die meisten „normalen" Katholiken fremde Welten. Ungläubig, kritisch und lächelnd reagieren wir auf solche Erfahrungsberichte, wenn wir ihnen zum ersten Mal begegnen. Aber was hindert uns, ihnen eine Chance zu geben? Niemand ist verpflichtet, Privatoffenbarungen zu glauben, auch dann nicht, wenn die Kirche sie nach langer und sorgfältiger Prüfung für echt befunden hat. Wir können auch ohne sie katholisch sein und bleiben und einmal in den Himmel kommen. Aber auf der anderen Seite ist es unbestritten, dass viele Initiativen, die von mystischen Erfahrungen und Privatoffenbarungen ausgingen, von der Kirche aufgegriffen wurden und unzähligen Christen eine wertvolle Hilfe für den eigenen Glauben sind.

Wir sollten uns davor hüten, mystische Erfahrungen und Privatoffenbarungen für den Beweis größerer Heiligkeit oder eines besseren Christentums zu halten. „Mystik“ stellt eine Ausnahme, keine Regel dar. Für die meisten Christen wird gelten, was der spätere Papst Johannes Paul I. als Bischof einmal vor Priestern während eines Exerzitienkurses über das Gebet gesagt hat: „Das Beten ist mir ein Opfer. Beten zu Gott, den ich nicht sehe, während meine Sinne all das wahrnehmen, was um mich herum ist. Ich weiß nicht, wie es euch geht. Manchmal kann man Geschmack finden am Beten, aber gewöhnlich ist es eine ermüdende Anstrengung.“

Eine andere Gefahr besteht in der falschen Bewertung der Emotionen. Wir sehnen uns oft danach, dass unsere Gefühle mit den Vollzügen des Glaubens (Messbesuch, Gebet …) übereinstimmen, und sind enttäuscht, wenn das Gebet ohne andächtiges Gefühl verrichtet werden muss oder der Messbesuch ohne ein emotionales „Dabeisein“ stattfindet. An dieser Stelle dürfen wir unseren Willen, Gott zu begegnen und unsere Freundschaft mit Jesus zu leben, nicht von negativen Gefühlen beiseitedrängen lassen. Manch einer denkt vielleicht: Wenn ich auch solche Erfahrungen hätte, wenn Jesus auch direkt zu mir spräche, dann fiele es mir viel leichter, zu glauben. Das ist ein Irrtum. G. K. Chesterton hat einmal über derartige Erwartungen geschrieben: „Andacht in der tristen und feinsinnigen Bedeutung des Begriffes ist eine Haltung, derer nur Ungläubige fähig sind. Dieses schöne

Schummerlicht wird man bei Euripides, bei Renan, bei Matthew Arnold antreffen, nicht aber bei Menschen, die gläubig sind – da findet man nur Lachen oder Krieg. Mit dieser Art von Andacht kann ein Mensch nicht der Wahrheit begegnen, die so hart wie ein Stein ist; Andacht können Menschen nur einer schönen Lüge beweisen."

Unser Schwert: der Rosenkranz

Benedikt XVI. wies in seiner Predigt in Fatima 2010 darauf hin, dass die prophetische Mission Fatimas noch nicht vorbei sei. Die Botschaft von Fatima ist 100 Jahre alt, hat aber nichts von ihrer Aktualität verloren. Auch heute weist sie uns den Weg zum Frieden. Es ist der Weg des Evangeliums, der Weg der Buße und Umkehr, der Weg der Verehrung des Unbefleckten Herzen Mariens, der Weg des Gebets. Besonders das Rosenkranzgebet wird uns ans Herz gelegt. Wie die Muttergottes von Fatima auch heute hilft und wirkt, zeigt ein Beispiel aus der katholischen Diözese Maiduguri im Norden Nigerias, die besonders stark unter den Angriffen der islamistischen Terrorgruppe Boko Haram gelitten hat. Allein 2015 wurden mehr als 70.000 Katholiken vertrieben, Priester und Ordensschwestern mussten fliehen, Hunderte von Schulmädchen wurden verschleppt. Ihr Schicksal ist bis heute ungewiss. Tausende von Christen sind bereits als Märtyrer gestorben, teilweise hielten Boko Haram drei Viertel des Diözesangebiets besetzt.

Inmitten des Terrors aber wächst die Hoffnung. Tapfer praktizieren die Christen ihren katholischen Glauben in der Öffentlichkeit. Der Bischof von Maiduguri, Oliver Dashe Doeme, führt dieses Phänomen auf die Hilfe der Muttergottes zurück. Der Bischof berichtet, dass ihm im Oktober 2014, als er in seiner Kapelle vor dem Allerheiligsten den Rosenkranz betete, Jesus erschienen sei. Der Herr habe nichts gesagt, aber er bot dem Bischof ein Schwert an. Der Bischof nahm es entgegen und im selben Moment verwandelte es sich in einen Rosenkranz. Dann sagte Jesus dreimal: „Boko Haram ist verschwunden."

In der Diözese Maiduguri erneuerte Bischof Doeme in den letzten Jahren immer wieder die feierliche Weihe des Bistums an das Unbefleckte Herz Mariens und er führte in allen Pfarreien und Außenstellen Rosenkranz-Prozessionen ein. Überhaupt wurde das Rosenkranzgebet gefördert und verbreitet. Bischof Doeme ist davon überzeugt, dass Maria hilft. Mittlerweile wurden sechs Angriffsversuche der Boko Haram auf die Stadt Maiduguri abgewiesen, die Terroristen konnten in die Wälder zurückgedrängt werden und viele der geflüchteten Christen konnten in ihre Heimat zurückkehren.

Der Rosenkranz ist das Schwert der Christen. Das gilt in Nigeria, das gilt überall auf der Welt, wo das Böse auf dem Vormarsch ist, wo Menschen leiden unter Krieg, Bürgerkrieg, Terror und Verfolgung. Heute wird auch Europa vom islamistischen Terror bedroht. Dazu kommt der innere Zerfall der Europäischen Gemeinschaft, der seit dem Brexit unübersehbar geworden ist. Niemals war die Zukunft Europas unsicherer.

Nach dem Zweiten Weltkrieg konvertierte der Belgier jüdischer Herkunft Paul Levi zum katholischen Glauben. Später leitete er die Kulturabteilung des Europarats in Brüssel und war maßgeblich an der Entscheidung über das Design der Europaflagge beteiligt. Alle Entwürfe, die ein Kreuz enthielten, wurden von den sozialistischen Politikern abgelehnt. Dann machte Paul Levi den Vorschlag, 12 goldene Sterne auf blauem Hintergrund zu wählen – ein Vorschlag, der Gefallen fand. Die Sterne sollen die Einheit, Solidarität und Harmonie zwischen den Völkern Europas symbolisieren. Sie sind aber auch das Zeichen der Muttergottes: „Dann erschien ein großes Zeichen am Himmel: eine Frau, mit der Sonne bekleidet; der Mond war unter ihren Füßen und ein Kranz von zwölf Sternen auf ihrem Haupt“ (Offb 12,1). So wird die Fahne Europas zum Zeichen dafür, dass Maria ihre schützende Hand über unseren Kontinent hält. Hören wir auf ihren Ruf, folgen wir der Botschaft, die sie vor 100 Jahren drei einfachen Hirtenkindern offenbarte. Weihen wir uns ihrem Unbefleckten Herzen, nehmen wir unser Schwert, den Rosenkranz, in die Hand. Und wir können sicher sein: „Am Ende aber wird mein Unbeflecktes Herz triumphieren!“

Quellen und Literatur

Quellen

Secretariado dos Pastorinhos (Hrsg.), Schwester Lucia spricht über Fatima – Erinnerungen der Schwester Lucia 1 (Torres Novas, 10. Aufl., Oktober 2011)

Secretariado dos Pastorinhos (Hrsg.), Schwester Lucia spricht über Fatima – Erinnerungen der Schwester Lucia 2 (Torres Novas, Mai 2004)

Schwester Lucia, Die Aufrufe der Botschaft von Fatima (Torres Novas, Mai 2002)

Die Erinnerungen Schwester Lucias werden kursiv zitiert. Die Angaben der Zitate beziehen sich auf die jeweilige Erinnerung: 1. E = 1. Erinnerung, 2. E = 2. Erinnerung usw… A = Die Aufrufe der Botschaft von Fatima; Bd. 1 = Schwester Lucia spricht über Fatima, Band 1

João de Marchi, Fatima von Anfang an (Fatima 1993)

Pater de Marchi hatte die Gelegenheit, jahrelang in Fatima zu leben und viele Augenzeugen, darunter die Familien der Seherkinder, zu befragen. Seine Aufzeichnungen sind die Quelle der vielen im Buch wiedergegebenen mündlichen Zitate.

Katechismus der Katholischen Kirche (München, Wien: Oldenbourg; Leipzig: Benno; Freiburg, Schweiz: Paulusverl.; Linz: Veritas, 1993) *zitiert als KKK*

Schwesterngemeinschaft der Muttergottes der Barmherzigkeit (Hg.), Tagebuch der Schwester Maria Faustyna Kowalska aus der Kongregation der Muttergottes der Barmherzigkeit (Hauteville, 6. Aufl. 2003) *– zitierte Einträge werden mit der Tagebuch-Nummer (TB) gekennzeichnet.*

Literatur

Fatima-Weltapostolat U. L. F. in Deutschland e.V. (Hrsg.), Und die Sonne tanzte über Fatima – Vortrag von Günther Stolze am 14. Juni 2005 in Wien (Würzburg 2006)

Ulrich Filler, Geschichte einer großen Sehnsucht – ein Portrait der hl. Schwester Maria Faustyna Kowalska (Kißlegg, 4. Aufl. 2016)

Ders., Himmel, Hölle, Fegefeuer – Was geschieht uns nach dem Tod? (Kißlegg, 3. Aufl. 2010)

L. Gonzaga da Fonesca, Maria spricht zur Welt. Fatimas Geheimnis und weltgeschichtliche Sendung (Freiburg/ Schweiz, 17. vermehrte Aufl. 1977)

Louis Marie Grignion de Montfort, Das Goldene Buch der vollkommenen Hingabe an Jesus durch Maria (25. Aufl. Freiburg/Schweiz 1995)

Manfred Hauke, Die Engelserscheinungen von Fatima 1915–1916 – Historische und theologische Bestandsaufnahme, in: Theologisches Nr. 07/08, Juli/August 2016

Heinrich Herbertz, Josef Schmitz, Fatima – Das Buch für Pilger (Kißlegg, 4. überarbeitete Neuausgabe 1997)

Guido Horst, Fatima und kein Ende – Die bleibende Bedeutung des 3. Geheimnisses von Fatima (Kißlegg 2010)

Irmgard Jehle, Wolfgang Bouché, Fátima (Bamberg 2011)

Kongregation für die Glaubenslehre, Die Botschaft von Fatima (Vatikanstadt 2000)

Aura Miguel, Fatima – Ein Geheimnis begleitet den Papst (Jestetten 2001)

Heinrich Mörgeli, Das Unbefleckte Herz Mariä – Die große Offenbarung in Fatima und Pontevedra (Feldkirch 1997)

Josef Schäfer, Bis an die Küsten der Ewigkeit. Glaubenserfahrungen in Lourdes – Santiago – Fatima und auf dem heiligen Berg Montserrat (St. Ottilien 1996)